Bettina Cramer

66½

Dinge,

die eine Frau im Leben machen sollte

IMPRESSUM

 KLARTEXT

© 2014 ZEITGEIST MEDIA GmbH, 40547 Düsseldorf
E-Mail: info@zeitgeistmedia.de

Vertrieb: Klartext Verlag, 45329 Essen
E-Mail: info@klartext-verlag.de

Autorin: Bettina Cramer

Redaktion ZEITGEIST MEDIA:
Katharina Fleischer, Anna Kristin Roovers
Bildnachweis: Seite 160
Druck: Rehms Druck, Borken
ISBN 978-3-8375-1024-9

Erledigt ✔

Inhalt

Für meine Mutter und
meine Tochter –
die beiden großartigsten Mädels,
die ich kenne.

Liebe Freundin,

ich hoffe, ich darf Dich so nennen, obwohl wir uns noch gar nicht kennen. Ich habe das Bedürfnis, denn wenn Du dieses Buch gelesen hast, kennst Du mich sehr gut, und wir teilen vielleicht gemeinsame Erfahrungen.

Wie geht es Dir heute? Bist Du fröhlich? Traurig? Verliebt? Auf der Suche? Ausgeglichen? Aufgeregt? Oder – so wie wir Mädels halt öfter sind – mal wieder von allem ein bisschen?

Ich hoffe, es geht Dir gut und mein Buch trägt seinen kleinen Teil dazu bei. Denn die 66 ½ Dinge auf den nächsten Seiten sind eine Anleitung zum Glücklichsein.

Du wirst von mir nicht den Rat bekommen, Dir die schweineteure Handtasche zu kaufen, um die Du schon seit Wochen rumschleichst, oder zum 20. Mal mit Deiner Freundin bei „P.S. Ich liebe Dich" und Sekt Tränen zu vergießen – das machen wir alle sowieso! Entsprechend unserem Charakter und unserem Wesen ziehen wir diese typischen „Mädchen-Dinge" schonungslos durch, jede auf ihre verrückte Art.

Nein, ich habe in meinem Leben und dem meiner Freundinnen gekramt und die Dinge aufgeschrieben, die Du unbedingt ausprobieren solltest, um selbstbewusster, weiblicher und glücklicher zu werden.

Drum lies und leb los!

Deine Bettina

Eiskalt ins neue Jahr starten

N ie, nie, nie wirst du den Neujahrstag vergessen, an dem du in der Ost- oder Nordsee angebadet hast! Ja, ja, ich bin mir darüber im Klaren, dass die Erderwärmung nicht so dramatisch voranschreiten wird, dass du sowas bei angenehmen 28 Grad Wassertemperatur vollbringen könntest. Und mir ist schon klar, dass dies eine Anregung aus der ganz fetten Schweinehund-Kategorie ist. Aber, wie immer bei unvorstellbaren Handlungen, ist das Gefühl hinterher überwältigend schön! Man fühlt sich unverwundbar, wie Siegfried nach dem Bad im Drachenblut. Das Jahr, welches so begrüßt wird, muss einfach das beste unseres Lebens werden!

Wie ich auf diese bekloppte Idee komme, mich und dich ins eiskalte Wasser zu stürzen? Nun, das liegt in einer sehr langen, feuchten Silvesternacht begründet, in der ich beim fröhlichen Umtrunk mit Freunden den Vorschlag machte, am nächsten Tag doch gemeinsam in die Wellen zu springen. Da wir in einem Hotel an der Ostsee den Jahreswechsel verbrachten, stand der Umsetzung wenig im Wege. Also stimmten alle fröhlich zu, wir hoben die Gläser und – die Sache war begossen.

Am nächsten Morgen war der Katzenjammer groß – besonders bei den Männern. Von ihnen hörte ich alle Ausreden dieser Welt, aber letztendlich wollte keiner das so junge Jahr mit einem gebrochenen Versprechen enttäuschen. Kurz nach 19 Uhr hoben sich dann tatsächlich sechs schneeweiße Hotelbademäntel und sechs Paar Hotelschlappen vor der tiefschwarzen, vier Grad kalten, aufgewühlten Ostsee ab. Auf der Seebrücke sammelten sich die wenigen Menschen, die warm eingepackt im eisigen Winter-

Eisbaden

Nicht „untrainiert" ins kalte Vergnügen! Kälteduschen und regelmäßiges Schwimmen im Freien ab dem frühen Herbst bereiten deinen Körper auf den Temperaturschock vor. Eisbaden ist – an Neujahr oder zu Saisonbeginn – vielerorts zum beliebten Ritual geworden. In Nord- oder Ostsee, in Flüssen und Seen, aber auch in Freibädern wird mutig „angebadet", wie zum Beispiel in Berlin in der Spree oder im Orankesee, im Helenesee in der Nähe von Frankfurt (Oder), in der Elbe in der Nähe von Radebeul, im Seebad Ahlbeck auf Usedom oder am Strand der Insel Wangerooge.

wind spazieren gingen. Alle wollten sehen, ob wir durchgedreht, betrunken, lebensmüde oder alles zusammen waren, um uns in die Wellen zu stürzen.

> „Es hängt von dir selbst ab, ob du das neue Jahr als Bremse oder als Motor benutzen willst."
>
> ~
>
> Henry Ford

Wir Mädels hingegen schlüpften in unsere schönsten Abendkleider und freuten uns über drei Fakten:

Unsere Stärke – keine von uns hatte so rumgezetert wie die Männer!

So eine Aktion muss ganz schnell gehen. Runter mit dem Mantel, raus aus den Schlappen und rein in die Wellen. Wir kamen zwar aus der Sauna, dennoch blieben uns fast die Herzen stehen. Wir hatten uns vorgenommen, wenigstens einmal unterzutauchen, und ich will es nicht schönschreiben: Es war echt hart. Aber einmal vollbracht, fiel sogar ein bisschen Planschen gar nicht mehr so schwer. Trotzdem waren wir nach ein paar Sekunden wieder draußen und unterwegs Richtung Hotel. Allerdings mit so stolzgeschwellter Brust, dass die Herren der Schöpfung ihren Triumph über die Kälte sofort an der Hotelbar begossen – erlebnisgemäß im Bademantel.

Unser Aussehen – unsere Wangen waren die rosigsten im ganzen Restaurant!

Unser Wissen – dieses Erlebnis werden wir unser Leben lang nicht vergessen!

Resümee

Meine Vorsätze fürs neue Jahr:

....
....
....
....

Datum:

Etwas Verbotenes tun

Ein Verbot ist laut Duden eine „Anordnung, etwas Bestimmtes zu unterlassen". Es gehört zu den ersten zehn Dingen, die ein Kind lernt. Kaum auf der Welt, geht sie los, die ewige Leier: „Du, du, nein, das darfst du nicht!" Und was machen die kleinen Menschen? Genau! Einfach weiter, denn gerade das, was wir nicht dürfen, macht besonders viel Spaß. Wann haben wir Erwachsenen das vergessen?

Keine Frage, Regeln und Verbote sind für das friedliche und gesittete Zusammenleben unablässig. Schlagen, Quälen, Töten, Stehlen, Betrügen, Lügen – alles völlig zu Recht verboten. Und jeder, der mit dem Gesetz schon mal in Konflikt geraten ist, gibt meist zu: Es fühlt sich auch nicht gut an, diese verbotenen Sachen zu machen – vorausgesetzt, man hat ein Gewissen.

„Wir glauben, Erfahrungen zu machen, aber die Erfahrungen machen uns."

Eugène Ionesco

Wenn ich behaupte, eine Frau sollte in ihrem Leben mal etwas Verbotenes tun, dann meine ich die kleinen Verstöße, die uns auch mit 90 noch ein freches Grinsen ins Gesicht zaubern, wenn wir uns an sie erinnern. „Herzenshandlungen", welche wir spontan, aus einer verrückten Eingebung oder einem ganz tiefen Bedürfnis heraus, einfach machen MÜSSEN. Wo wir nicht anders können und uns die Regeln egal sind, wo der freie Mensch in uns denkt: „Scheiß drauf, diese Gelegenheit kommt nie wieder!"

Schlechtes Gewissen?

Unter www.beichthaus.com kannst du anonym kleine Sünden beichten und in den Geständnissen anderer stöbern. Skurril, aber – ja – unterhaltsam!

Verrücktes tun – was kostet das?

- Sich in einen schicken Fummel schmeißen und auf dem roten Teppich unter Promis mischen
  Kostet Mut und einen möglichen Rauswurf.

- Mit dem Nachtzug zum Frühstück nach Paris fahren
  Mit der Deutschen Bahn. Angebote gibt es schon ab 59 Euro („Mit dem Nachtzug durch Europa").

- Nachts im Mondschein baden
  In Freibädern: Geldstrafe wegen Hausfriedensbruch/Sachbeschädigung, öffentliche Gewässer kostenfrei

- Spaß auf einem Seitensprungportal suchen
  Beispielsweise auf Secret.de oder meet2cheat.de.
  Für Frauen meist kostenfrei, Nicht-Singles kann es die Partnerschaft kosten.

Für die eine fällt die heimlich genaschte Schokolade in der Kindheit in diese Kategorie, das Über-den-Zaun-Krabbeln beim ausverkauften Konzert ihrer Lieblingsband oder ein Bad im Springbrunnen auf dem Marktplatz. Für die andere ein One-Night-Stand, eine heimliche Nacht im Museum oder die 700 Euro teuren Pumps von Manolo Blahnik. Ob das Erlebnis auf unserer „Lebensliste der wirklich wichtigen Sachen" landet, entscheidet letztendlich das saugute Gefühl dabei.

Bis heute weiß ich, wie mir das Herz bis zum Hals schlug, als mein Vater heimlich mit mir in die Präsidentensuite des Waldorf-Astoria-Hotels in New York fuhr. Das war verboten! Die Putzfrauen machten uns das auch schnell klar, drohten mit dem Wischmopp und riefen den Sicherheitsdienst. Und mein cooler Dad? Gab den deutschen Touri, der nix versteht. Während des ganzen Gezeters warfen wir einen Blick in jeden Raum und nahmen

dann laut lachend über die Feuertreppe Reißaus. Ich war zehn und unheimlich stolz auf meinen Vater.

Heimliche Discobesuche, die erste Zigarette, ein Flirt mit Mister X. Ich bereue meine verbotenen Erlebnisse nicht und drehe mich heute manchmal einfach weg, wenn ich merke, dass meine Kinder was aushecken. Sollen sie doch ihren Spaß haben!

An das erinnere ich mich heimlich und gern:

....

....

....

....

....

Die Natur erfahren

Und, heute schon Natur erfahren? Bewusst und mit allen Sinnen etwas Schönes draußen wahrgenommen? Das vereiste Spinnennetz im Winter zum Beispiel, die zartrosa Mandelblüten im Frühjahr oder das satte Quaken von glücklichen Fröschen im Sommer? Oft sind es schon diese kleinen Begebenheiten, welche uns glücklich machen, uns erden, aber leider viel zu oft übersehen werden.

fahren, durch eine Wüste laufen, nackt Regen spüren, die Mitternachtssonne verschwinden und das mystische Polarlicht am Himmel tanzen sehen, in einer blauen Lagune schwimmen, die Arktis betreten, auf einer Sommerwiese liegen, sich in den Wasserbecken eines Wadis abkühlen, eine Tropfsteinhöhle erkunden, auf der Spitze eines hohen Berges stehen, durch den Regenwald laufen, in einem Bergsee baden, meterhohe Ozeanwellen brechen sehen, unter einem natürlichen Wasserfall stehen oder einfach nur einen Sonnenauf- oder -untergang bewusst zelebrieren, genau wie eine klare Vollmondnacht – all das sind Erlebnisse, die jede

> „Das Publikum beklatscht ein Feuerwerk, aber keinen Sonnenaufgang!"
>
> Christian Friedrich Hebbel

Und was ist erst mit den ganz großen, fetten, einzigartigen Naturwundern? Das Ausmaß und die Kälte eines Gletschers spüren, Lava in einem Vulkanschlund brodeln sehen, die Kraft eines Geysirs er-

Tipps

- Waldspaziergang in der Umgebung
- Das nächste Treffen mit Freunden als Picknick vereinbaren
- Erlebnistag in der Natur planen (Rafting, Klettern, Wandern etc.)

Ganz einfach zu bewundern ...

- **Sternschnuppen!** In der ersten Augusthälfte zieht jährlich der Meteorstrom der Perseiden an der Erde vorbei.
- **Pflanzen mit Reflexen!** Lass eine Mimose oder Venusfliegenfalle auf deiner Fensterbank einziehen.
- **Schnee unter der Lupe!** Eiskristalle sind wahre Kunstwerke der Natur.
- **Glühwürmchen!** Die kleinen Leuchtkäfer kann man in Sommernächten bei Dämmerung auf Wiesen, in Gärten und Parkanlagen beobachten, vorzugsweise in der Nähe von Wasser.
- **Eine Sardine!** Das feine Gewebe unterhalb der Schuppen reflektiert 90 Prozent des Lichtes und erreicht damit fast die Wirkung eines Spiegels.
- **Farbenfrohes Herbstlaub!** Sinkende Temperaturen und damit verbundene organische Prozesse sorgen für bunte Blättervielfalt.
- **Der Lotus- bzw. Lotoseffekt!** Eine besondere Oberflächenstruktur bei Pflanzen lässt Wasser in Tropfen abperlen (z. B. bei Lotuspflanze, Akelei, Weißkohl, Kapuzinerkresse).

von uns auf ihre Art ins Mark treffen würden, welche aber viele Frauen nie in ihrem Leben erfahren. Warum?

Du und ich, wir sind Kinder der Natur, wir sind weiblich, wir tragen das Erbe und die Instinkte der weisen Urfrauen in uns. Wir sind befähigt, Leben zu schenken. Ich glaube, dass Frauen eine ganz besondere Verbindung zur Natur haben, dass sich das Leben in ihr und das Wissen um ihre Kräfte tief eingeprägt haben. Berührt die Natur unsere Seele, dann berührt sie den echten, wahren, unverstellten Teil in uns. Denn wir wissen beide, dass wir viel zu oft und zu lange angepasst, untergeordnet, ängstlich, andere umsorgend und nett leben, weil wir meinen, dass man es von uns erwartet. Was wir

selbst wollen, wobei wir uns gut fühlen, den richtigen Lebensweg für uns – das haben wir aus den Augen verloren oder aufgegeben.

Ich bin überzeugt: Der Weg in die Natur, zu Erlebnissen, die uns überwältigen, ist der Schlüssel zu unserem wahren, natürlichen Ich.

Resümee

Mein schönster Glücksmoment in der Natur:

Über die eigenen Grenzen gehen

Wären unsere Mütter nicht über ihre eigenen Grenzen gegangen, könnten wir uns heute nicht des Lebens freuen. Denn auch wenn Schwangerschaft und Geburt zu den natürlichsten Sachen der Welt gehören, wird es wohl kaum eine Frau geben, die nicht ehrlich zugibt, dass sie davor Bammel hatte oder hat. Allein die Vorstellung, dass in uns Leben wächst, sich etwas bewegt und wir mal gepflegt 20 bis 50 Pfund in Rekordgeschwindigkeit zulegen, um dann auch noch unter den vielleicht schlimmsten Schmerzen unseres Lebens ein Kind auf die Welt zu befördern, ist beängstigend. Dennoch haben unsere großartigen Mamas ihre Ängste überwunden. Danke!

„Ein Pfund Mut ist mehr Wert als eine Tonne Glück."

James A. Garfield

Lass sie uns zum Vorbild nehmen und überlegen, welche Ängste und Grenzen wir in uns tragen und wie wir sie überwinden können! Denn eins ist unbestritten: Es gibt kaum ein schöneres Gefühl als das, über sich hinausgewachsen zu sein. Im wahrsten Sinne.

Für die eine von uns mag es der Sprung vom Dreimeterbrett im Schwimmbad sein, für die andere Bungee-Jumping aus 90 Metern Höhe. Manch einer verleiht ihre frei gehaltene Rede vor 100 Menschen Flügel, und eine andere kommt beseelt vom ersten Marathonlauf nach Hause. Die Überwindung eigener Schwächen zählt natürlich auch dazu: das Rauchen zu lassen, Gewicht zu verlieren, eine Sportart anzufangen und durchzuziehen – all das lässt das Selbstwertgefühl ins Unermessliche wachsen.

Auffallend viele berühmte Persönlichkeiten ließen sich von schwierigen Lebensumständen nicht entmutigen, sondern anspornen. Motto: Ich zeig's euch allen! Sylvester Stallone zum Beispiel wurde als Kind wegen seiner gelähmten Gesichtspartie extrem gehänselt, seine Lehrer rieten ihm dringend davon ab, Schauspieler zu werden. Demi Moore wuchs in

mir zutraue. Noch heute sage ich mir manchmal bei Stress: „Hey, du bist auf den höchsten Berg Afrikas gestiegen, du wirst doch wohl das jetzt cool meistern."

Aber Achtung! Dieser Lebenstipp birgt eine Gefahr in sich: die Sucht. Es kann nämlich süchtig machen, zu merken, was man alles zu leisten vermag und wie geil das Gefühl hinterher ist. Grenzen finden sich viele. Im Extremfall wird man zu einem Menschen, der ständig nach dem nächsten Kick sucht. Im Normalfall reift man aber einfach nur zu einer unglaublich starken Frau.

einer Wohnwagensiedlung auf und wurde jahrelang wegen ihrer Augenklappe und ihrem Aussehen ausgelacht. US-Präsident Barack Obama stammt aus einfachen Verhältnissen: Sein Vater gehörte der Volksgruppe der Luo in Kenia an, seine Mutter stammt aus Wichita (Kansas). Nach der Scheidung seiner Eltern sah Barack Obama seinen Vater als Zehnjähriger das letzte Mal. Er ist der erste Afroamerikaner in diesem bedeutenden Amt. So viel zum Thema unüberwindbare Grenzen.

Meine wesentlichen Schlüsselerlebnisse hatte ich im Alter zwischen 20 und 30: Eine Nacht im Zelt in Kenia, fast ungeschützt vor den brüllenden Löwen in der Nähe, hat mich tief erschüttert – es blieb aber nicht meine letzte in der Wildnis Afrikas. Die Besteigung des Kilimandscharo. Mein erster Tauchgang. Ein Fallschirmsprung. Diese Grenzgänge haben mich stark gemacht, sie haben mir gezeigt, dass ich mehr kann, als ich

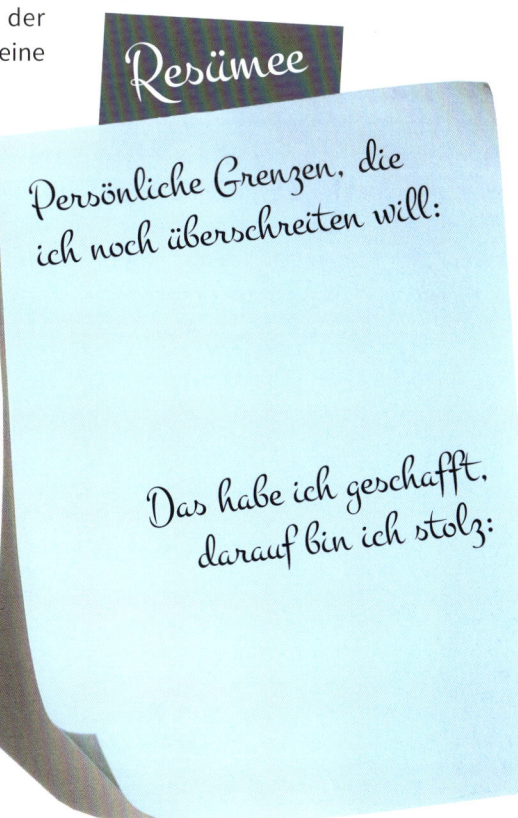

Resümee

Persönliche Grenzen, die ich noch überschreiten will:

Das habe ich geschafft, darauf bin ich stolz:

Die vier Wände gegen den Sternenhimmel tauschen

Zivilisation ist schön und hat auch eindeutig ihre Vorteile. Aber muss das heißen, dass wir grundsätzlich so leben, als wären wir im Wickelkleid mit Pumps an den Füßen und Strähnchen im Haar auf unser Sofa geplumpst? Nein. Sich von Zeit zu Zeit zu erden und nach dem Motto „Zurück zu den Wurzeln" zu leben, kann uns Erfahrungen bescheren, die unvergesslich sind. Wie Nächte in einem Zelt, auf einem Schiff oder unter freiem Himmel.

Bei dieser Empfehlung kommen zwei Dinge zusammen: zum einen die fremde Umgebung. Wir verlassen den sichersten, kuscheligsten Ort auf der ganzen Welt – unser Bett –, um unter ungewohnten Umständen zu schlafen. Das ist aufregend und 100-mal spannender als im Hotel. Es kann gut passieren, dass in der ersten Nacht alles möglich ist – außer ein Auge zuzumachen.

Zum anderen erleben wir dieses Abenteuer nachts, also in einer Zeit, in der unsere Antennen auf vollem Empfang stehen und die Sinne viel intensiver auf Neues und Unheimliches ansprechen. Da kommt das Tier in uns durch, und du glaubst nicht, wie wohl sich dieses in der Dunkelheit in der Natur fühlt.

In der ersten Nacht im Zelt wirst du mit aufgerissenen Augen ins Dunkle starren, angespannt lauschen, was in der Um-

Was man unter freiem Himmel auf jeden Fall machen sollte: Sternbilder suchen!

… zum Beispiel den Großen Wagen, Cassiopeia oder Orion. Dies sind die bekanntesten Sternbilder und meist das ganze Jahr über zu sehen.

Tipp: Einfach wird das Sternegucken mit (Achtung! Nicht immer kostenlosen) Astro-Apps für dein Handy (z. B. „Star Walk" fürs iPhone, „Google Sky Map" für Android oder „SkyMap" fürs Windows Phone).

gebung passiert und je nach geografischem Standort die wildesten Sachen hören: Vom frühen Vogelgezwitscher über schaurige Eulen-, Hyänen-, Hunde- oder Katzenlaute bis hin zu stöhnenden Zeltnachbarn kann alles dabei sein. So naturnah hast du noch nicht genächtigt, versprochen!

Auf einem Schiff kommt die Urerfahrung des Menschen dazu: Die fast hypnotisierende Schaukelbewegung und das Rauschen des Meeres erinnern an Mamas Bauch – ohne Seekrankheit mit Sicherheit ein Erlebnis.

Ideen für angehende Naturschläfer

- Ein hängendes Bett im Baum
  www.waldseilgarten-hoellschlucht.de
- Ein Bett im Maisfeld
  www.landgasthof-roger.de
- Ein überdimensionales Vogelnest, Schweden
  www.treehotel.se
- Ein Bett im Kornfeld, Schweiz
  www.ranch-farsox.ch
- Zimmer ohne Wände im Park
  www.wittgensteiner-himmelbett.de
- Baumhaushotel Neißeaue
  www.kulturinsel.com
- Übernachten auf dem Heuboden
  z. B. www.hof-birkenhake.de
- An Deck eines Hausboots träumen
  www.hausboot.de

> „Wenn man die Natur wahrhaft liebt, so findet man es überall schön."
>
> Vincent van Gogh

Solltest du nicht zu der Gattung Abenteurer à la Rüdiger Nehberg oder Andreas Kieling gehören, die mehr im Freien als im heimischen Bett nächtigt, dann wirst du dich ein Leben lang an jede dieser besonderen Nächte erinnern, weil sie so einzigartig sind. So zwangen mich in Syrien Armeescheinwerfer und laute Stimmen aus dem Zelt, da es versehentlich in einem Sperrgebiet stand. Im Oman verbrachte ich Zeltnächte wie Robinson Crusoe auf einer komplett einsamen, menschenleeren Insel, und in Namibia schliefen mein Mann und ich unter dem weiten afrikanischen Sternenhimmel – immer wieder geweckt von lautem Affengebrüll. Jetzt freuen wir uns auf eine Segeltour über die Ostsee – die haben wir nicht etwa gebucht, weil uns das Segeln so interessiert, sondern weil wir unbedingt eine Nacht auf dem Meer verbringen wollen.

Resümee

Die schönste Nacht, die ich im Freien verbracht habe, war ...

....

....

....

....

Pferdestärken spüren

Mädchen und Pferde, das ist wie Jungs und Autos, oder? So platt diese Formel klingen mag, sie ist dennoch wahr. Pferde üben bereits auf kleine Mädchen eine magische Anziehungskraft aus. Wir lieben es, sie zu strei-

cheln, mit ihnen zu reden, sie zu bürsten und natürlich: uns auf ihrem Rücken stark, schnell und mächtig zu fühlen. Im Pferdesport-Nachwuchsbereich sind 90 Prozent Mädchen. Und denen geht es in erster Linie um eine vertrauens-

volle Beziehung zu den großen und starken Vierbeinern. Sie wollen Verantwortung tragen und sich um die Pflege der Tiere kümmern. Diplom-Psychologin und Reitlehrerin Silvia Hemmerling schlussfolgert: „Pferde helfen den Mädchen, selbstständig zu werden und sich vom Elternhaus abzunabeln."

Für mich waren mit acht, neun Jahren zwei Pferdebücher wahre Heiligtümer. Ich habe sie in meinem Schrank versteckt und gehütet wie einen Schatz. Das Pferd, welches ich mir in

Kein Geld für einen Sportwagen?

Bei den großen Erlebnisgeschenkanbietern Jochen Schweizer und MyDays lassen sich Porsche, Ferrari, Lamborghini und Co. schon ab ca. 100 Euro für eine halbe Stunde anmieten.

Falls dich mal jemand fragt ...

Seit 1. Januar 2010 wird Motorleistung gemäß EU-Vorgabe offiziell nur noch in Watt und nicht mehr in Pferdestärken gemessen: 1 PS = 0,73549875 Kilowatt (kW).

dieser Zeit immer wieder mit großem Nachdruck von meinen Eltern zu Weihnachten gewünscht habe, bekam ich nie, dafür heilte mich ein Sturz –

von ebensolchem – samt schwerer Gehirnerschütterung nachhaltig von meiner Pferdeleidenschaft. Leider passierte der Unfall nämlich beim ersten Ausritt meines Lebens, und die wenigen weiteren erlebte ich zitternd und unter größten Ängsten.

Ob dieses abrupte Ende meiner Leidenschaft für echte Pferdestärken mich zu der großen Autoliebhaberin gemacht hat, die ich heute bin, weiß ich nicht. Aber ich konnte schon mit 14 Jahren Auto fahren. Meinen Führerschein habe ich bereits mit 17 gemacht und ich liebe es, mit vielen PS unterm Hintern über die Straßen zu fahren. Einmal hatte ich das große Vergnügen, auf einer Teststrecke neue Automodelle für den Wettbewerb „Das goldene Lenkrad" zu testen. Und als mich zum Schluss der Autonarr und ehemalige Rennfahrer Leopold Prinz von Bayern zu ein paar schnellen „Spaßrunden" in seinem Wagen einlud, war meine Welt um eine grandiose und wirklich empfehlenswerte Erfahrung reicher.

Mein Fazit: Im Leben eines Mädchens dürfen die Pferdestärken-Erlebnisse auf keinen Fall fehlen, denn man spürt in diesen Momenten wirklich das Glück der Erde.

„Das Auto ist eine vorübergehende Erscheinung. Ich glaube an das Pferd."

Wilhelm II., Deutscher Kaiser

Resümee

Diese Pferdestärken will ich unbedingt einmal spüren:

Den Spuren eines Königs folgen

Er braucht keine Krone, kein Schloss und keinen Hofstaat. Er liegt einfach im Schatten der Dachakazie, und jeder, der ihn sieht, spürt: Er ist der König. Allein seine Anmut lässt beim Betrachter ein Gefühl von Demut aufkommen. Einem Löwen in freier Wildbahn zu begegnen, ist ein Erlebnis fürs Leben. Der König der Tiere scheint sogar die Zeit zu beherrschen. In seiner Gegenwart ticken die Uhren anders. Döst er, satt und zufrieden, hat man das Gefühl, die Erde drehe sich langsamer, das Leben sei unendlich. „Pole, pole", sagen die Afrikaner gern und oft. Es bedeutet „Langsam" oder „Das Gras wächst nicht schneller, wenn man daran zieht". Eine typische Weisheit vom schwar-

zen Kontinent, welche der Lebensweise von Mensch und Tier sehr entspricht. Wird der Löwe aber hellwach, weil er Gefahr spürt oder jagt, dann wird alles schnell, kraftvoll, intensiv. Er beherrscht sie wirklich, die Kunst, blitzschnell umzuschalten und von null auf 100 zu gehen.

Den Angriff dieser großen Raubkatze aus sicherer Entfernung mitzuerleben, ist spannender als jeder Thriller.

„Wer immer in den Himmel schaut, wird nie etwas auf der Erde entdecken."

Weisheit aus Westafrika

Wieso überhaupt eine Reise zur Wiege der Menschheit? Hey, wir betrachten Nilpferde, Zebras und Affen eingesperrt in Zookäfigen, aber nur zehn Flugstunden von uns entfernt laufen sie frei durch die Savanne: riesige Gnuherden, welche die Erde beben lassen, anmutige Giraffen mit den längsten Wimpern des Planeten, weise Elefanten, die auf eigenen Friedhöfen trauern, Nashörner mit ihrer stabilen Panzerung und meine geliebten Löwen, die einfach unbeschreiblich schön sind. Ich gehe so weit, zu behaupten, dass alle, die nie auf Hemingways Spuren gewandelt sind und eine Safari in Afrika gemacht haben, eines der schönsten Erlebnisse der Welt verpasst haben.

Afrika ist einzigartig. Egal, ob man nach Kenia, Namibia, Mosambik oder in eines der anderen 55 Länder reist – die Mentalität der liebenswerten Menschen, die unglaubliche Artenvielfalt der Tiere und die einzigartigen Landschaften begeistern einfach. Auf meinen vielen Reisen dorthin habe ich den Eindruck gewonnen,

dass Afrika uns Frauen tiefer und auf eine andere Art berührt als Männer.

Während die sich praktisch schon im Landeanflug mental in einen Jäger, Kolonisten oder Krieger verwandeln und ihre Zeit auf dem schwarzen Kontinent eigentlich immer in Habachtstellung verbringen, fühle ich mich von dem Fremden, Ursprünglichen und Wilden magisch angezogen. Im Vergleich zu unserem geregelten, glattgebügelten, antiseptischen Leben scheint dort jeder Tag aus einer Aneinanderreihung von natürlichen Urerlebnissen zu bestehen. Diese Tatsache habe ich anfänglich meist als bedrohlich, nach kurzer Zeit aber als spannend, intensiv, wohltuend und bereichernd empfunden.

Für mich ist eine Safari in Afrika immer auch eine Reise in die Vergangenheit, die Zukunft und zu mir selbst. Vergangenheit, weil man, wenn man einen alten Elefantenbullen durch die Ngorong-Ngorong-Krater ziehen sieht, unweigerlich eine Vorstellung davon bekommt, wie die Welt war, als es uns Menschen noch nicht gab. Zu-

kunft, weil sich beim Blick in die Augen eines Gorillas unweigerlich die Frage aufdrängt, wie lange wir unsere Dschungelbrüder noch vor uns Menschen retten können und wann sie in freier Wildbahn wohl ausgestorben sein werden. Eine Reise zu sich selbst, weil Afrika erdet. Begegnungen mit alten Medizinmännern und -frauen berühren einen zutiefst. Sie haben oft so wenig, tragen aber den Reichtum der Welt in sich: die Weisheit von Generationen. Taucht man in die afrikanische Lebenswelt ein, erhalten die Abläufe, Ereignisse und Pläne unseres europäischen Lebens die Wichtigkeit, die sie tatsächlich haben. Viele Probleme lösen sich mit den Funken des Lagerfeuers in Rauch auf. Zurück bleiben der grollende Ruf eines Löwen in der Ferne, der Blick auf den beeindruckenden afrikanischen Sternenhimmel und die Erkenntnis: „Hakuna Matata" – alles ist gut.

Resümee

Afrika reizt mich oder macht mir Angst, weil ...

Allein auf Reisen gehen

„Wenn einer eine Reise macht, dann kann er was erzählen." Diese alte Weisheit habe ich nicht nur verinnerlicht, weil „das Wandern des Müllers Lust ist" und ich eine geborene Müllerin bin, sondern weil mir ohne die Fluchten aus dem Alltag etwas extrem fehlen würde. Was mir genau fehlen würde? Der Blick hinter den Horizont, der Geruch des Fremden, der Geschmack von weit weg, das so andere Klima, die interessanten Menschen, die einmaligen Landschaften und exotischen Tiere, kurz: das Aufsaugen unseres Planeten. Zu meinen größten Ängsten gehört die Vorstellung, dass sich irgendwann der Deckel über mir schließt und ich zu wenig von dieser wunderschönen Erde gesehen habe.

„Der kürzeste Weg zu dir selbst führt einmal um die Welt."

Richard Hoffmann

Ich könnte ständig Reisen planen, und in Zeiten, in denen kein Urlaub machbar ist, zehre ich von den bunten Bildern in meinem Kopf. So viel zu meiner Einstellung zum Reisen.

Nun zu dir. Solltest du die ganze Zeit beim Lesen „ja, ja, ja" gedacht haben, weil du unter ähnlichem Fernweh leidest, dann verstehen wir uns. Solltest du jedoch zu denen gehören, die diese Ansicht überhaupt nicht teilen können und die noch immer verwundert mit dem Kopf schütteln, wird dir mein Plädoyer für eine Reise ALLEIN natürlich noch schwerer zu vermitteln sein. Ich will es trotzdem versuchen.

Wie immer bei den wirklich wichtigen Dingen gelingt das mit wenigen Worten. Eine Reise allein unterscheidet sich von einer Reise zu zweit oder in der Gruppe durch ein ganz wesentliches Merkmal: Diese Reise führt nicht nur an einen anderen Ort, sondern zu uns selbst. Punkt, Kapitel beendet.

Ne, ne, denen unter euch, die noch nie allein gereist sind, will ich erklären, warum es eine Frau unbedingt machen sollte. Also, es geht schon damit los, wo wir hinfahren wollen. Wir müssen niemanden fragen, denn wir allein entscheiden, was wir wie lange sehen wollen. Auch der

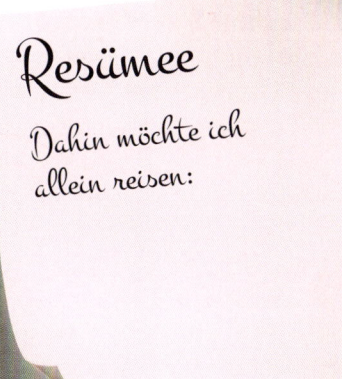

Reise-Checkliste zum Abhaken:

○ Unterkunft
○ Reisemittel (Flug, Bus & Bahn)
○ eventuell Visum beantragen
○ über eventuell erforderliche Impfungen informieren
○ Reisekasse
○ Handytarif prüfen
○ Reiseapotheke
○ Sicherheitsvorkehrungen treffen – groben Reiseplan bei den Lieben zu Hause hinterlegen, „Hilfe" im fremden Land (Botschaften, Bekannte)
○ über Gepflogenheiten des Landes informieren, Reisebericht lesen
○ Auslandskrankenschutz
○ Reiseführer, Landkarte, wichtige Sätze in fremder Sprache
○ Bücher/E-Reader für Abende allein
○ Tagebuch zum Festhalten der unvergesslichen Erlebnisse und Gedanken

zweite Schritt unterscheidet sich vom Gewohnten: Wir packen anders. Das schwarze Negligé für den Liebsten können wir zu Hause lassen, die zehn Paar Schuhe ebenfalls, denn wir haben ja niemanden, der uns den tonnenschweren Koffer schleppt. Dafür dürfen bequeme Schlappen, ein Tagebuch und eine Kamera nicht fehlen.

Mit dem ersten Schritt vor die Haustür beginnt dann die eigentliche entscheidende Erfahrung und Bestätigung, dass der Weg wirklich das Ziel ist. Bei allem, was wir ab jetzt tun, behalten wir die Eindrücke ganz intensiv bei uns, oder wir sind gezwungen – weil wir vor lauter Emotio-

Resümee

Dahin möchte ich allein reisen:

nen sonst platzen würden –, sie einer völlig fremden Person mitzuteilen. Dieses Wechselspiel aus Nähe zu sich selbst und Nähe zum Unbekannten ist wie ein süß-saures Curry, eine heiß-kalte Dusche oder ein schmerzhaft-schöner Knutschfleck. Man braucht es nicht immer, muss es aber ausprobiert haben, denn eine Reise allein ersetzt den besten Seelenklempner – dieses Zwiegespräch mit sich selbst und die neuen Einsichten, die man dabei gewinnt, sind unbezahlbar. Und die Reise allein hat noch einen nicht unwesentlichen Vorteil: Man ist immer in bester Gesellschaft.

Das Glück herausfordern

Was ist Glück? Laut Duden ist es „das Ergebnis des Zusammentreffens besonders günstiger Umstände" oder eine „günstige Fügung des Schicksals". Auch eine „angenehme und freudige Gemütsverfassung, in der man sich befindet, wenn man in den Besitz oder Genuss von etwas kommt, was man sich gewünscht hat" oder einen „Zustand der inneren Befriedigung und Hochstimmung" bezeichnen wir als Glück. Es gibt jedoch noch weitaus mehr Definitionen von Glück. Das bunte Frühstücksbrettchen meines Onkels drückt es simpler aus, Glück ist demnach „ein entsprechendes Vermögen, eine gute Köchin und eine gesunde Verdauung". Die Postkarte vom Kiosk versucht es kitschig-romantisch zu erklären: „Glück ist ein Schmetterling. Jag ihm nach und er entwischt dir! Setz dich hin und er lässt sich auf deiner Schulter nieder!" Wohingegen der Volksmund zumindest eine anteilige Verantwortung des Einzelnen für die Erlangung von Lebensglück in dem Sprüchlein „Jeder ist seines Glückes Schmied" unterstellt.

Und genau darauf will ich hinaus! Ich finde, jede Frau sollte mindestens einmal im Leben in einem Casino oder auf der Rennbahn ihr Glück reizen. Wichtige Grundvoraussetzung dafür sind eine glücklich-heitere Stimmung und das Wissen, dass es sich hierbei um Spaß handelt. Dann haben diese Erlebnisse die große Chance, zu bleibenden zu werden. Und ist dir das Glück auch noch hold, dann – halleluja – klingelt's im Portemonnaie!

Die besondere Atmosphäre eines Casinos muss man einfach mal erlebt haben: Wenn die Spieler gebannt auf den Roulette- oder Black-Jack-Tisch starren und in diesem Moment die Welt unbemerkt untergehen könnte, weil alles von einer kleinen Kugel oder einer einzigen

Sharon Stone im Film „Casino"

Karte abhängt. Spüren, wie es im Bauch kribbelt, wenn man selbst mutig alles auf Rot oder die Sieben gesetzt hat. Die Anspannung bei anderen Spielern sehen, Freude empfinden, wenn man gewinnt, fühlen, wie sich Verzweiflung breitmacht, beobachten, wann Schluss sein sollte und wie lange das Glück oft verzweifelt weiter gesucht wird.

Die vier Grundwettarten:

Frauen setzen beim Pferderennen am liebsten auf

- **Sieg** (auf den Sieger des Rennens)
- **Platz** (darauf, dass das Pferd einen der ersten drei Plätze belegt)
- **Zweierwette** (auf die richtige Reihenfolge der Pferde auf den Plätzen eins und zwei)
- **Dreierwette** (auf die richtige Reihenfolge der Pferde auf den ersten drei Plätzen)

„Die höchste Form des Glücks ist ein Leben mit einem gewissen Grad an Verrücktheit."

Erasmus von Rotterdam

Ganz anders hingegen ist es bei Pferderennen. Eine Pferderennbahn ist ein Ort wie aus einer fernen Zeit, aber einer mit Spaßgarantie. Mit einem umwerfend schön-skurrilen Hut auf dem Kopf, umgeben von dem Geruch nach Gras, Sonne und Pferd, zusammen mit mehr oder weniger schicken Menschen, lachenden Kindern, Musik im Ohr, Champagner im Glas, bebender Erde unter den Füßen ist es dort einfach herrlich! Hier kann man, mit ein bisschen Glück und coolem Kennerblick auf Ross und Reiter, versuchen, den Sieger anhand von Statur, Muskelaufbau und Temperament, der bisherigen Rennbilanz oder einfach nur der Startnummer zu ermitteln. Vielleicht war es mein Anfängerglück,

Glück bedeutet für mich ...

Resümee

welches bei meiner ersten Pferdewette aus drei Euro stolze 75 werden ließ und mir damit eine positive Einstellung zu Pferderennen bescherte. Wie auch immer, auf jeden Fall gehören diese Erfahrungen in ein buntes Frauenleben, denn erstens hat man mal wieder einen guten Grund, sich wunderbar „in Schale" zu schmeißen – Cocktailkleid im Casino und Hut auf der Rennbahn sind da angesagt! Zweitens haben wir Frauen nicht umsonst so eine riesengroße Portion Intuition von Mutter Natur mitbekommen – welche beim Glücksspiel enorm von Vorteil ist! Und drittens tut es einfach auch mal gut, nicht immer für alles verantwortlich zu sein, sondern fröhlich sein Schicksal in Fortunas Hände zu legen.

Klar, eine Meinung zum Glücksspiel musst du dir letztendlich selbst bilden. Nur der Verzicht darauf wäre ein echtes Versäumnis.

Die Abenteurerin

Sich die Kinderfrage stellen

Es soll sie wirklich geben: kleine Mädchen, die nie eine Puppe wollten, die nicht andächtig Mamas Bauch gestreichelt und dabei den Satz gemurmelt haben: „Da war ich mal drin. Ich möchte auch eine Mama werden!" Aber ganz ehrlich: Mir sind solche Mädchen noch nie begegnet. Die meisten Kinder wollen wissen, wo sie herkommen, wie sie gemacht wurden, und wer welchen Part davon übernehmen kann. Spätestens ab dann sinnieren schon Dreijährige darüber, dass sie Mama oder Papa werden wollen.

> „Die Entscheidung, ein Kind zu haben, ist von großer Tragweite. Denn man beschließt für alle Zeit, dass das Herz außerhalb des Körpers herumläuft."
>
> —
> **Elizabeth Stone**

Ich erinnere mich noch gut daran, wie ich so mit 14, 15 auf dem Schulhof in meine Zukunft schaute: „Mit 20 will ich schwanger werden!" Mit 20 gab es dann allerdings gefühlte 500 Dinge, die ich lieber getan hätte, als Mutter zu werden, ebenso mit 25. Erst mit Anfang 30 fing ich an, mich ernsthaft zu fragen, ob ich mit meinem Mann Kinder haben und Mutter werden wollte. Kann ich einem kleinen Menschen ein Vorbild, eine Freundin, eine

Lehrerin, eine Vertraute, eine Stütze sein? Ihm ein Heim bieten? Mich eine Zeit lang hintanstellen, auf lieb gewonnene Gewohnheiten verzichten, es mit meinem Beruf vereinbaren? Wie sähe wohl unser Familienleben aus? Wie ein Leben ohne Nachwuchs? Es dauerte nicht lange, bis ich Antworten bekam und spürte: Ich will Mutter werden.

Meine Freundin hingegen wusste schon damals auf dem Schulhof, dass sie keine Kinder haben möchte. Noch heute sagt sie völlig selbstbestimmt und ohne Reue, dass sie mit sich selbst genug zu tun hat und nie die Nerven für ein Kind hätte. Sie hat einen spannenden Beruf, der sie erfüllt, mit ihrem Freund reist sie gern und viel um die Welt, und seit einem Jahr wohnen beide im eigenen Haus mit Hund und Papagei. Sie ist glücklich.

Ja, ja – für viele Frauen ist es das Größte, ein Kind zu haben, und jede Mutter wird antworten: „Eine Frau sollte in ihrem Leben ein Kind bekommen haben!" Einerseits wahr und andererseits anmaßend. Natürlich ist die Mutterschaft unbeschreiblich be-

Ungewollt kinderlos?

Laut Bundesfamilienministerium bleibt der Kinderwunsch für jedes zehnte Paar in Deutschland leider unerfüllt. Auf www.informationsportal-kinderwunsch.de findet man Unterstützung.

Wichtig ist doch nur, dass wir nicht verpassen, uns die Kinderfrage ernsthaft zu stellen und sie nach gründlicher Überlegung zu beantworten. Danach kann fröhlich weitergelebt und -geliebt werden. Immer mit dem Wissen, dass das Leben manche Antworten selbst gibt und andere nächstes Jahr ganz anders ausfallen können ...

rührend und bringt tiefe, wunderbare Gefühle mit sich. Daher wäre es jeder Frau zu wünschen, sie zu erleben. Wenn sie es möchte, wenn sie es sich zutraut, und wenn ihr Körper dazu in der Lage ist. Ein Punkt, der mehr Frauen belastet, als wir denken. Ungewollte Kinderlosigkeit kann genauso schmerzen wie der Tod eines nahen Angehörigen. Nicht jede Frau, die keine Kinder hat, mag sie nicht oder ist egoistisch. Wir sollten jeder Frau zugestehen, selbst zu entscheiden, was das Größte für sie im Leben ist. Und es gibt verdammt gute Gründe, die gegen stinkende Windeln, verwüstete Zimmer und leere Konten sprechen.

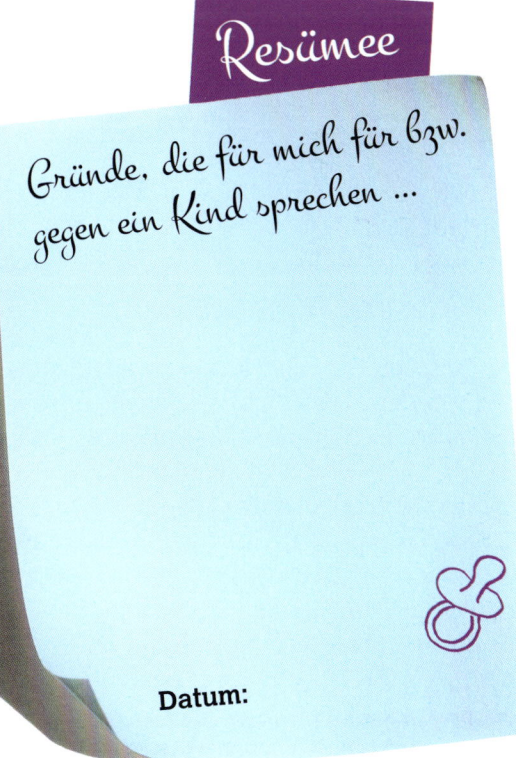

Resümee

Gründe, die für mich für bzw. gegen ein Kind sprechen ...

Datum:

Den Schatten akzeptieren

"Wo Licht ist, ist auch Schatten." So wussten schon unsere Omas zu trösten, und sie haben leider recht. Ein Leben, in dem die Sonne immer scheint, gibt es nicht. Und wenn ich in diesem Buch Erlebnisse auflliste, die unser Dasein bereichern können, dann bin ich mir bewusst, dass Erfahrungen nur als schön, einmalig und intensiv erlebt werden, wenn

wir auch die Kehrseite kennen. Jede Frau sollte akzeptieren, dass Rückschläge, Enttäuschung, Krankheit, Verlust, Schmerz und Trauer zu einem erfüllten Leben dazugehören. Es ist für mich eine Erkenntnis, die zu den wichtigsten zählt.

> "Wenn es einen Glauben gibt,
> der Berge versetzen kann, so ist es
> der Glaube an die eigene Kraft."

Marie von Ebner-Eschenbach

Der Schatten legt sich meist unerwartet und völlig unerwünscht tage-, monate-, manchmal auch jahrelang über unser Leben. Mit ihm müssen wir zurechtkommen und am besten auf Opa hören. Der wusste: "Alles, was uns nicht umbringt, macht uns härter!" Als Teenager habe ich bei solchen Sprüchen nur die Augen verdreht, heute weiß ich: Sie stimmen. Und ich weiß auch: Wir Frauen verfügen einerseits über Empathie, Empfindsamkeit und Sensibilität im Überfluss, können andererseits

aber unheimlich viel verkraften, kämpfen wie Löwinnen und – ganz wichtig – immer wieder aufstehen.

Ich musste Situationen erleben, in denen die Tränen nicht mehr aufhören wollten zu fließen und der Bauch schmerzte, als hätte jemand reingeschlagen. Ich habe liebe Menschen, meine Arbeit und auch Freunde verloren sowie Krankheiten und Kränkungen weggesteckt. Eine meiner schlimmsten Erfahrungen war die Fehlgeburt unseres Wunschkinds. Jahrelang hatten mein Mann und ich auf das kleine Wesen in meinem Bauch gewartet, und dann ging es nach wenigen Wochen wieder von uns. Danach schien für mich die Sonne nicht mehr. Viele Wochen gab es nur noch Schatten. Ich war krank vor Schmerz. Doch so schlimm diese Erfahrung für mich und meinen Mann war: Ich war damals überrascht, wie schnell sich durch all die Dunkelheit ein kleines Fünkchen Hoffnung den Weg bahnte. Optimismus und Aktionismus hieß das Wun-

Die Fähigkeit, Schicksalsschläge zu überwinden und gestärkt aus ihnen hervorzugehen, nennt die Psychologie Resilienz – die Widerstandskraft der Seele.

Das Geheimnis der inneren Stärke

Die Krise akzeptieren, sich selbst nicht als Opfer sehen, sondern als Person, die Einfluss auf die Situation hat, Optimismus, lösungsorientiertes Denken und die Bereitschaft, Hilfe von Mitmenschen anzunehmen – alle diese Fähigkeiten sind ausschlaggebend für deine Resilienz. Und obwohl vieles davon schon in der Kindheit erlernt wird, kann frau die Resilienz auch noch als Erwachsene trainieren.

dermittel: Ich buchte einen Tauchurlaub, fing wieder mit Stepptanz an und schmiedete Pläne, endlich wieder nach Afrika zu reisen. Die positive Energie aus der Ablenkung hat meinen Schmerz gelindert. Fast auf den Tag genau kamen vier Jahre nach der Fehlgeburt unsere Zwillinge zur Welt. Abgesehen davon, dass sie sowieso kleine Wunder sind, ist die Tatsache, dass es sie gibt, für mich immer noch ein bisschen unglaublicher, wenn ich daran denke, wie nah Sein und Nichtsein beieinanderliegen.

Während der letzten Krise, in der mir das Leben wieder einen ordentlichen Kinnhaken verpasst

hatte, kam mir folgender Gedanke: „Ich fühle mich wie ein großer Baum, dem das Schicksal alle paar Jahre eine Kerbe in den Stamm haut. Aber ich stehe. Und ich genieße die Sonne mit großer Dankbarkeit intensiver als früher."

Resümee

Das habe ich aus diesen Erlebnissen gelernt:

Das gibt mir Hoffnung:

Zurück zu den Wurzeln finden

Mit der eigenen Familiengeschichte ist es bei den meisten von uns wie mit vielen Dingen, die wir als selbstverständlich ansehen: Wir haben sie und hinterfragen sie wenig oder gar nicht. Bei Menschen, deren Wurzeln gekappt wurden, die adoptiert, verwaist oder in Pflegefamilien aufge-

wachsen sind, bestimmt dieses Thema hingegen oft das ganze Leben. Weil sie wissen wollen, wer ihre leiblichen Eltern sind, was die Großeltern getrieben haben und die unbekannten Geschwister noch treiben. Wie diese nebulösen Personen so sind, welche Ähnlichkeiten existieren, was für Eigenschaften wohl vererbt wurden.

> **„Wer in der Zukunft leben will, muss in der Vergangenheit buchstabieren."**
>
> André Malraux

Zu Recht. Der Mensch will und sollte wissen, wo er herkommt. Zu jedem Baum gehören Wurzeln. Wer sie kennt, gedeiht

besser. Wer nicht fragt, wird nie erfahren, welche berühmten Vorfahren, vererbbaren Krankheiten oder Familienschätze

existieren. Das Grundgerüst ist im Familienstammbuch zu erkennen. Die Begebenheiten bildlich und farbenfroh schildern, das können nur noch Oma oder Opa. Sind die tot, versiegt eine Quelle, deren unschätzbaren Wert wir oft zu spät erkennen.

Ich liebe lange Bus- oder Bahnfahrten, wenn ich in die Gesichter von Kindern, ihren Eltern und Verwandten schauen und auf Spurensuche gehen kann, denn schon rein optisch sprechen Verwandtschaftsbeziehungen oft Bände. Die Enkelin sieht ihrer Tante extrem ähnlich, der Enkel kommt nach Opa. Von wem sind die Augen? Wer hat diese auffällige Nase sonst noch? Ach, sieh an – Vater und Sohn haben die gleichen Hände! Dafür ist im Gespräch zu erfahren, dass das Mädchen

Tipps

Alte Fotoalben zu durchforsten, kann nicht nur Informationen liefern, sondern es kann auch viel Spaß bereiten, die Bilder mit eigenen Fotos aus den entsprechenden Lebensjahren zu vergleichen.

Oma und Opa, erzählt mal: Hier hört man bestimmt noch einiges, was man über die eigene Familie nicht wusste.

Mithilfe der Meldebehörde, der Geburtsregister der Kirche oder verschiedener Internetanbieter kann man Ahnenforschung betreiben.

Ancestry.de hilft, einen Stammbaum zu erstellen und die Familiengeschichte zu rekonstruieren.

Mit Software wie „Family Tree Maker" oder „Stammbaum deluxe" kann frau Stammbäume am PC erstellen und verschiedenste Daten verknüpfen.

genauso musikalisch wie der Papa und der Junge so kreativ wie Mama ist. Die Witze erzählt der Kleine aber genauso pointiert wie der andere Opa.

Die Optik ist erst der Anfang, richtig spannend ist es, zu sehen, wie sich der Familienstammbaum verzweigt. Wer mit wem und warum? Je genauer die Chroniken vorliegen, umso interessanter wird die Entdeckungsreise. Liebe, Tragik, Abenteuer, Dramatik und manchmal auch ein Happy End – das Leben schreibt oft bessere Geschichten als Hollywood.

Wer nicht alles griffbereit im hauseigenen Regal findet, kann über die Meldebehörde, die Geburtsregister der Kirche oder auch verschiedene Internetanbieter Ahnenforschung betreiben. Meine Cousine hat dies vor ein paar Jahren anlässlich eines Familientreffens gemacht, und die Präsentation vor unserem „Clan" hat alle sehr bewegt und zu weiteren Ergänzungen und Spurensuchen geführt.

Zum Glück sind die grauen Zeiten des Anhängsel-Daseins für Frauen längst vorbei, sodass es mittlerweile auch einige Informationen über die eigenen Vorfahrinnen gibt.

Wir sollten uns also bemühen unsere Familiengeschichte zu erforschen, zu pflegen und im besten Falle: positiv mitzugestalten.

Resümee

Platz für ein Foto:
Wer aus deiner Verwandtschaft sieht dir am ähnlichsten?

Herz zeigen

„Und, was wünschen sich die Kinder zu Weihnachten?" „Lena – sie ist fünf – wünscht sich Winterstiefel, der neunjährige Kevin braucht eine warme Jacke, und die Zwillinge Luca und Lilli wünschen sich, dass ihr Vater wieder Arbeit findet." Ich merke, wie mein Gesicht zu einem Fragezeichen wird und meine Augen feucht werden. Bernd Siggelkow, der Gründer und Leiter des Jugend- und Kinderhilfswerks Arche erzählt nicht von Kindern in fernen, armen Ländern, sondern er berichtet mir vor laufender Kamera von kleinen Menschen aus sozial schwachen Familien. Familien von nebenan, die in Berlin, München, Hamburg, Köln wohnen … Ich bin fassungslos, traurig und beschämt. Wie habe ich bisher so wohlig, satt und ahnungslos vor mich hin leben können?

Egal ob Geld, Zeit, Blut oder Kleidung – jede Spende hilft.

mäßig auf meinen Bankkontoauszügen. Aber arme Kinder in unserem reichen Deutschland? Derer war ich mir nicht bewusst. Diese Tatsache und Wissenslücke berührte mich bei dem Interview im Jahr 2003 so sehr, dass ich mich seitdem für die Arche engagiere.

„Das wenige, das du tun kannst, ist viel."

Albert Schweitzer

Tief berührt von den Slums in Nairobi, den Bettlern in New York oder den Straßenkindern von Jakarta, bin ich von Reisen nach Hause gekommen und habe sofort Geld gespendet. Auch die Schicksale der vom Aussterben bedrohten Tiere, wie Gorillas, Orang-Utans oder Elefanten, ließen mich nie kalt – der WWF stand regel-

So hat jeder seine eigene kleine Spendengeschichte. Und das ist gut so. Wer aufmerksam durch die Welt geht und sich für die Schicksale anderer interessiert, muss unweigerlich irgendwann denken: Hier bin ich gefragt, hier will ich helfen, was kann ich tun? Das kann eine Spende bei Naturkatastrophen, Armut, Krieg oder Epidemien in Drittländern sein, aber auch die Zeit fürs Vorlesen in

Kindergärten oder Altenheimen sind Spenden, ebenso wie die Hilfe beim Bürgerprojekt, die Blutspende oder die monatliche Unterstützung fürs Patenkind in Peru oder im SOS-Kinderdorf.

Ich finde, alle, denen es gut geht, sollten etwas abgeben. Freiwillig. Ob im kleinen oder großen Stil ist erst mal nebensächlich. Wichtig ist doch, dass wir uns des Menschseins würdig erweisen, Einfühlungsvermögen haben und entsprechend handeln: Egoismus überwinden und Nächstenliebe leben.

Die meisten Frauen sind per se mitfühlend und offen für die Schicksale anderer. Für uns steht am Anfang oft ein anderes Problem: Wir wollen – wenn wir uns einmal aufraffen – selbstverständlich gleich die ganze Welt retten. Schnell kommt dann die Ernüchterung, wenn wir merken: Es gibt so unendlich viele „Baustellen"! Aber das ist ganz normal. Wichtig ist nur, nicht aufzugeben. Mein Tipp: Augen auf, für jede findet sich ein Herzensprojekt! Ob in der Nähe oder der Ferne – egal. Beide haben auf jeden Fall eins gemeinsam: Sie erwärmen unser und fremde Herzen. Und das ist unbezahlbar.

Resümee

Dinge, die ich spenden könnte:

○ **Geld**

○ **Zeit/Hilfe**

○ **Kleidung**

○ **Blut**

○ **Dinge, die ich nicht mehr brauche, die aber nützlich sind**

○ **Sonstiges**

Über den Lebensabend nachdenken

Wir alle haben sie schon gesehen, diese zwei Menschen, die alt, grau und zufrieden auf einer Bank unter einem Baum sitzen. Haben sie gelächelt? Händchen gehalten? Sich unterhalten?

Oder einfach nur in trauter Zweisamkeit das Treiben um sich rum beobachtet? Wir wissen es nicht mehr so genau.

„Das Älterwerden ist die einzige Alternative zu einem frühen Tod."

— Otto Schuster

Dafür können wir uns bestens an das Gefühl erinnern, welches dieses Bild bei uns ausgelöst hat. Es hat ein warmes Gefühl im Bauch hinterlassen, unser Herz berührt und in uns die Sehnsucht geweckt: „Das will ich auch so erleben!"

Je klarer wir wissen, was wir wollen, umso zielgerichteter können wir dies Realität werden lassen. Unser Lebensabend von morgen ist das Ergebnis unserer Entscheidungen von heute. Versuche doch mal, Antworten auf diese Fragen zu finden.

1 Wie will ich im Alter leben?

2 Und wo?

3 Wovon werde ich leben? Wie hoch wird meine Rente nach heutigem Stand sein?

4 Wie kann ich mich finanziell besser absichern?

5 Welche Belastungen möchte ich zum Rentenbeginn los sein?

6 Wie lange möchte ich arbeiten?

7 Werde ich das körperlich schaffen?

8 Wie kann ich mich lange gesund und fit halten?

9 Welche Laster sollte ich mir verkneifen, welche Wohltaten in Zukunft häufiger gönnen?

10 Wer soll an meiner Seite sein, wenn ich alt bin?

11 Wer wird sich um mich sorgen?

12 Oder möchte ich lieber allein leben? Oder vielleicht in einer WG?

13 Will ich ein Haustier?

14 Was ist, wenn ich pflegebedürftig werde? Wer wird dann für mich da sein?

15 Inwieweit möchte ich meine Angehörigen belasten?

16 Welche Art von Betreuung möchte ich und welche kann ich mir leisten?

18 Wie kann ich meine Lieben entlasten, z. B. indem ich meinen Haushalt selbst verkleinere?

17 Was ist, wenn ich mal nicht handlungsfähig bin, wer darf dann für mich entscheiden?

19 Welche Wünsche habe ich für den Ernstfall, was schreibe ich in meine Patientenverfügung? Und wann erstelle ich sie?

20 Wie soll mein Testament aussehen?

21 Wie stelle ich mir meine Beerdigung vor?

22 Sarg oder Urne? Grabstätte, Wiese oder Meer?

Ein Kind ins eigene Leben lassen

„Wenn du nur mit Caya sprichst, warum habt ihr mich dann auf die Welt geholt?" Diese Frage stellte mir unser vierjähriger Sohn kürzlich beim Abendessen, als ich seiner Meinung nach zu lange mit seiner Schwester gesprochen hatte. Ich war kurz perplex, erklärte ihm dann aber schnell und nachdrücklich, dass wir uns ihn – genau wie seine Schwester – über alles auf der Welt gewünscht haben. Und es sind genau diese Momente,

Das Zusammensein mit einem Kind ist ein Geschenk. Durch Kinder können wir die Welt ganz neu entdecken. Ein Kind schenkt uns ein neues, ein zweites Leben. Wir entdecken alles noch einmal, werden selbst

Bitte lächeln!

Hier hast du Platz für ein schönes Foto von deinem/-en Seelenkind/-ern

die mir die Faszination des Lebens veranschaulichen. Vor fünf Jahren noch Eizelle und Samen, heute ein Mensch mit Haut, Haar und Hirnwindungen – einer Kombination, die mich täglich staunen lässt und die unübertroffen niedlich ist. Kein Wesen auf diesem Planeten vereint Schläue, Wissensdurst, Freundlichkeit, Sprache und Unvoreingenommenheit wie ein Kind. Das Zusammensein mit Kindern gehört zu den beglückendsten Momenten im Leben von Erwachsenen, jeder sollte die Nähe zu Kindern suchen.

wieder zum Kind und sehen die Welt auf einmal ganz anders. Kinder zeigen einem, was sie mit ihren Augen sehen, und lassen uns teilhaben an ihren Gefühlen. Und die sind so ganz anders als unsere! So rein, unschuldig und aufrichtig.

„Durch Umgang mit Kindern gesundet die Seele."

Fjodor M. Dostojewski

Es möchte einem das Herz zerspringen, wenn man spürt, wie ein Kind liebt. Die kleinen, warmen Arme, die sich fest um einen legen, die feuchten Küsse und sehr ehrlichen Worte aus einem niedlichen Kindermund – dies zu erfahren, sei dir so oft wie nur möglich im Leben zu wünschen.

Das Schöne daran: Diese Erfahrungen sind nicht nur leiblichen Müttern vorbehalten. Diese Erfahrungen können Menschen machen, die ein Kind in ihr Leben holen. Egal, ob es adoptiert, ein Pflege-, Paten- oder Nachbarskind

Keine eigenen Kinder

Du möchtest Kinder in dein Leben holen, aber nicht Mutter werden? Wie wäre es dann mit einer ehrenamtlichen Aufgabe im Kindergarten, als Lernpatin oder Vorleserin? Ideen gibt es zum Beispiel auf www.aktivpaten.de. Auch Kirchengemeinden und Sportvereine freuen sich über Unterstützung bei der Arbeit mit Kindern.

Ideen – für besondere Momente mit Kindern

Ein ernsthaftes Gespräch über Wünsche und Träume des Kindes führen

Sich etwas von einem Kind erklären lassen

Mit dem Lieblingsspielzeug spielen

Sich eine Geschichte erzählen lassen

ist – all diese Kinder können dich tief im Innern berühren. Deshalb sollte eine Frau unbedingt ein Kind in ihr Leben lassen! Verzichtet sie darauf, bringt sie sich um das größte Geschenk auf Erden.

Über diese Momente mit Kindern musste ich herzlich lachen:

_____

_____

Das hat mich zum Nachdenken gebracht:

_____

_____

Resümee

Kindermund tut Wahrheit kund! Peinliche Lagen:

_____

_____

Das klügste Kinderzitat aller Zeiten:

_____

_____

Kontakt zur älteren Generation halten

Kennst du diesen Ort, an dem es ganz besonders riecht? Ein bisschen Kindheit liegt in der Luft. Der Geruch von warmem Kuchen, von frisch gedruckten Zeitungen, ausgefüllten Kreuzworträtseln, längst gelesenen Büchern, von Rückensalben und Kölnisch Wasser … und manchmal riecht es auch etwas ungelüftet. Die Bewohner sprechen anders, gehen meist langsamer und tragen oft Sachen, die wir nie anziehen würden. Ihre Hände sind von dunklen Adern und den Spuren des Lebens gezeichnet. Auf ihren Köpfen wächst grau-weißes Haar, in ihnen sind Erinnerungen an Zeiten, die wir nicht erlebt haben.

> „Jeder will alt werden,
> aber keiner will es sein."
>
> Martin Held

Und ich bin mir sicher, du kennst auch einen dieser Orte. Wo unsere Mütter und Väter, Omas und Opas, Verwandte, Freunde – Menschen im Seniorenalter – leben. Sie gehören zu uns und sind doch so ganz anders. Zu oft vergessen wir, wie gut es tut, ihre Nähe zu suchen, von ihnen zu lernen, ihnen zuzuhören. Der Kontakt zur älteren Generation belebt und erdet. Ein Problem,

welches uns heute riesengroß und wichtig erscheint, wird im Gespräch mit einem betagten Menschen oft klein – angesichts des Erlebten und der guten Ratschläge.

In den meisten Familien halten die Frauen die Verwandtschaft zusammen. Dass „Fa-

Eine Frage der Ehre

Du hast keine Möglichkeit mehr, in deiner eigenen Familie mit älteren Generationen in Kontakt zu treten? Wie wäre es mit einer ehrenamtlichen Aufgabe im Altenheim? Allein das Vorlesen und Unterhalten wird dort dankbar aufgenommen. Infos gibt es im Heim in der Nachbarschaft, bei der Diakonie, anderen sozialen Einrichtungen oder auch unter www.engagiert-in-deutschland.de

milienbande weiblich sind", belegt, wie Focus.de berichtete, auch eine Studie der Universität Newcastle. Demnach kümmern sich von den Großeltern, die in der Nähe ihrer Enkel wohnen, 30 Prozent um den Nachwuchs der eigenen Tochter, aber nur 15 Prozent um den des eigenen Sohns. Eine Studie des Staatsinstituts für Familienforschung an der Universität Bamberg (ifb) belegt die von uns allen schon wahrgenomme Umkehrsituation: Erwachsene Töchter haben meistens eine engere Beziehung zu den Eltern als die Söhne. Wir Mädels sind halt die „Kümmerer", und das ist gut so!

Deutschland hat keinen Nachwuchs, muss die soziale Integration also anderswo suchen. Kindergärten und Altenheime in einem Haus, Omas und Opas zum Mieten, Senioren-WGs – all diese Initiativen gehen für mich in die richtige Richtung.

Wer sein ganzes Leben lang nur mit seiner Generation verbringt, verschenkt einzigartige Momente, die einem oft nur die ganz jungen oder ganz alten Menschen bescheren können. Kürzlich erlebte ich bei einer Podiumsdiskussion Altkanzler Helmut Schmidt. Mit seiner Persönlichkeit und seinen – zu diesem Zeitpunkt – stolzen 94 Jahren zog er die über 200 jungen Zuhörer sofort in seinen Bann. Als eine Studentin ihn fragte, was die junge Generation tun könne, damit Europa weiter zusammenwächst und wettbewerbsfähig bleibt, antwortete er wohlüberlegt, aber trocken: „Gebt Euch Mühe!" Eine Legende hatte gesprochen, und alle haben verstanden.

Ich hatte das Glück, einige Jahre gemeinsam mit meinen Großeltern aufzuwachsen. Für mich als Teenager waren sie mit ihren mehr als 70 Jahren steinalt. Trotzdem: Wenn Opa Geschichten von früher erzählte, hörte ich gebannt zu. Wenn Oma mich tröstete, waren alle Sorgen vergessen. Vor zehn Jahren zog ich wieder mit einer älteren Generation unter ein Dach: meinen Eltern. In unserem Mehrgenerationenhaus ist immer was los, unsere Freunde haben auch die beiden alten Leutchen ins Herz geschlossen. Unsere Kinder schenken Oma und Opa „Lebenszeit", wie meine Mutter immer so schön sagt. Dafür erhalten die Kleinen Lebensweisheiten und Anschauungen, die ich nicht vermitteln kann. Ich gebe meiner Mutter recht: Das Miteinander der Generationen ist in erste Linie bereichernd.

Dabei spielt es keine so große Rolle, ob die alten Herrschaften mit uns verwandt sind oder nicht. Viel zu viele vereinsamen in übervollen Städten, Junge wie Alte. Allein ein Drittel der Oldies in

Resümee

Mit welchem Oldie muss ich unbedingt mal über „Gott und die Welt" reden?

Was will ich (ihn) auf jeden Fall fragen?

Einen Baum pflanzen

„Die beste Zeit, einen Baum zu pflanzen, war vor 20 Jahren. Die nächstbeste Zeit ist jetzt", sagt man in Uganda. Wer das gesagt hat, ist nicht bekannt, aber er oder sie hat recht. Und, bitte beachte: Die Aufforderung ist nicht speziell an einen Mann gerichtet. Warum, bitte schön, sollten sich denn auch nur die Herren der Schöpfung in Gebäuden, Söhnen oder Parklandschaften verewigen? Vielleicht, weil sie keine Kinder gebären können? Entschuldigung, kleine Spitze am Rande.

> **„Wer einen Baum pflanzt, wird den Himmel gewinnen."**
>
> **Konfuzius**

Natürlich könnten wir uns in Ruhe zurücklehnen und sagen: Wir befördern die nächsten Generationen auf die Welt, warum sollen wir uns auch noch um den Wald kümmern? Da kann ich nur antworten: weil uns ein großer Spaß und unserem Klima eine wesentliche Hilfe entgehen würde! Eine Frau sollte in ihrem Leben auf jeden Fall einen Baum pflanzen! Nein, die Ausrede „Ich habe keinen Garten" zählt nicht. Möglichkeiten gibt es viele.

Natürlich ist das Loch im eigenen Garten am schnellsten gegraben und mit Freude durch ein Bäumchen gefüllt. Ich hatte mir einen Rot-Ahorn zum Geburtstag gewünscht und einen Lachanfall bekommen, als mein Bruder mit dem kahlen Stock vor der Tür stand. Speziell junge Bäume geben im Oktober ein jämmerliches Bild ab. Aber heute – sechs Jahre später – ist aus diesem Stöckchen ein stattliches Ahornbäumchen von vier Metern mit einem herrlich roten Blätterkleid geworden, welches ich mit großer Freude das ganze Jahr über beobachte. Bei einem selbst gepflanzten Baum schaut man nämlich genauer hin: Die ersten Blätter

Traditionen rund um den Baum:

Zur Geburt einen Baum pflanzen

Weihnachtsbaum

Zur Hochzeit einen geschenkt bekommen

Maibaum

sind ein Ereignis, eventuelle Blüten und Früchte sowieso. Auch die Geschwindigkeit, mit der er wächst, seine Färbung im Herbst, der erste Schnee auf den zierlichen Ästen – all das wird persönlich genommen und als Erfolg verbucht.

Noch mehr ans Herz gewachsen ist mir allerdings ein Kastanienbaum. Ich liebe Kastanien und sammle sie jedes Jahr mit großer Leidenschaft. So auch, als ich mit unseren Zwillingen schwanger war. In dieser besonderen, müßig-melancholischen Zeit habe ich die schönsten Kastanien unseres Ortes entdeckt und einige davon in feuchte Watte gepackt. Und siehe da, zwei haben gekeimt, und ein Bäumchen hat es geschafft und steht nun in unserem Blumenbeet. Es muss da schnellstens raus, da es mittlerweile schon vier Jahre alt und über einen Meter hoch ist. Jeder rät mir ab, einen Kastanienbaum im eigenen Garten zu pflanzen. „Der macht nur Dreck!" Aber ich sehe das anders: Erstens haben Kastanienbäume wunderschöne Blüten im Frühjahr, zweitens hängen an ihnen meine geliebten Kastanien, und drittens ist dieser Baum ein ganz besonderer, da er zeitgleich mit unseren Kindern heranwächst. Allein die Vorstellung, dass Carla und Luis irgendwann mal unter ihm sitzen und sagen können: „Hey, der Kumpel hier ist genauso alt wie wir!" Allein dieser Gedanke macht mich glücklich. Ich werde also ein schönes Plätz-

chen für den Baum suchen. So, damit ist Frau Cramers Soll nun erfüllt.

Was aber könntest du tun, wenn du kein grünes Fleckchen dein Eigen nennst? Na, fremdpflanzen natürlich! Das bieten zum Beispiel Umweltorganisationen wie der BUND an. Wir haben Freunden zur Hochzeit eine Eiche geschenkt. Begleitet von einem schönen Picknick, wurde der Drei-Meter-Kracher zur besten Pflanzzeit im Herbst in einem Park im Bezirk der Frischvermählten gemeinsam in die Erde „gerammt". Ein schönes, arbeitsreiches und bleibendes Erlebnis! Der Baum ist gut angewachsen und genauso stabil wie die Ehe.

Also, los geht's, und pflanz deinen eigenen Baum.

Resümee

Ich möchte gern einen _____ -Baum in _____ pflanzen.

Erkenntnisse aus der letzten Diät ziehen

Wann der Punkt des Erträglichen überschritten wird, empfindet jede Frau unterschiedlich: Die eine kriegt schon die Krise, wenn ihre beiden Oberschenkel aneinanderstoßen. Die nächste zieht die

Amen in der Kirche: Irgendwann kommen wir alle mal an den Punkt, an dem wir meinen, ohne Diät nie wieder halb nackt eine Umkleidekabine oder ein Schlafzimmer betreten zu können. Dann werden

Reißleine, wenn's zwischen den Röllchen am Bauch schwitzig wird. Und die ganz Hartgesottene unter uns wartet so lange, bis sie die Anzeige auf der Waage vor lauter Fleischmasse nicht mehr sehen kann. Aber eines ist so sicher wie das

statt Süßigkeiten und Chips Zeitschriften mit „Super-Wahnsinns-Diäten" und Appetitzügler gehamstert. Oder der Speiseplan wird knallhart auf Wasser und trocken Brot, FDH (Friss die Hälfte) oder Kohlsuppe umgestellt.

Ich war mal so wahnsinnig, nach einem besonders üppigen Weihnachtsfest – welches sich gefühlt über zwei Monate hinzog – im Januar eine Diät zu starten. Hoch motiviert entfernte ich sämtliche Dickmacher aus Kühl- und Vorratsschrank, schnippelte morgens Möhrchen und Gürkchen, um sie mit ins Büro zu nehmen, und kaufte mir obendrein noch eine Vital-Pflanzen-Eiweiß-Drink-Großpackung zum Sattmachen.

Solltest du abnehmen?

Die Formel des sogenannten Body-Mass-Index (BMI) gibt Aufschluss:
Gewicht (kg) geteilt durch die Größe² (m x m).
Der Frauen-BMI:
- unter 18,5 = Untergewicht
- 18,5-24 = Normalgewicht
- 25-30 = Übergewicht
- über 30 = starkes Übergewicht

„Das Erste, was man bei einer Abmagerungskur verliert, ist die gute Laune."

Gert Fröbe

Selbstverständlich strich ich auch späte Abendessen und gesellige Umtrunkaktionen – bei meinem Mann solidarisch gleich mit. Und natürlich beging ich den absolut unvermeidlichen Diät-Anfängerfehler: Ich kaufte mir bereits am dritten Tag eine neue Hose und einen Rock – zwei Größen kleiner. Ich war überzeugt: „Spätestens nächste Woche passe ich da rein. Juhu!"

„Juhu" konnten am Ende nur die Diätzeitschriften-Verleger und Abnehmdrink-Hersteller rufen. Aber auf meiner Waage machten sich nach zwei wirklich harten Wochen nur mickrige 100 Gramm weniger bemerkbar. 100 Gramm! Das hat mich erst enttäuscht, dann wütend und zum Schluss einsichtig gemacht. Ja, jede Frau muss wahrscheinlich einmal im Leben eine Diät ausprobieren, aber wohl nur, um zu erkennen, dass unser Kopf kapieren muss: Den Kühlschrank müssen wir langfristig gesund befüllen und die Turnschuhe zu unseren Freunden machen. Alles andere verringert ausschließlich unseren Kontostand, nicht jedoch unser Körpergewicht.

Resümee

Meine letzte Diät war ...

Ein Lagerfeuer selbst aufschichten

Selten im Leben kann man mit so wenig Aufwand so große Magie erreichen. Ein bisschen Holz, ein wenig Zunder, ein paar Funken: Fertig ist das Lagerfeuer! Ob Feuerschale, Kamin oder der Klassiker unter freiem Himmel – Varianten gibt es viele. Lodert es einmal, zieht es unweigerlich jeden in seinen Bann. Vielleicht liegt es daran, dass der Blick ins Feuer auch ein Blick in unsere Vergangenheit ist. Es erinnert an Zeiten, in denen die lodernden Flammen unseren Urahnen das Leben sicherte. Die Herrschaft über das Feuer bedeutete Schutz, Nahrung und Wärme.

Eigentlich traurig, dass das Feuer in unserem Alltag ein seltenes Relikt geworden ist. Wann setzen wir uns schon noch davor und schauen ruhig hinein?

Drum, liebe Freundin, raus in die Natur, ran an die Zweige – wage das Abenteuer des Tages! Lass die Flammen tanzen! Schichte ein Lagerfeuer selbst auf und

Rezept für leckeres Stockbrot

1 kg Mehl
500 ml Wasser, warm
1 TL Salz
2 Pkt. Hefe (Trockenhefe)

Aus den Zutaten einen Hefeteig bereiten. Dabei gut durchkneten. Etwa fünf bis sechs Stunden an einem kühlen Ort gehen lassen. Noch mal durchkneten, dann eine Portion um die Spitze eines Stocks wickeln und über dem offenen Lagerfeuer backen.

Lagerfeuer aufschichten

Das Pyramidenfeuer ist die schnellste Methode, ein Feuer zu machen. Dafür ein Knäuel aus Zundermaterial (trockenem Gras, trockener Rinde) zum Brennen bringen. Dann eine Pyramide aus trockenen, dürren Ästen darum errichten, sodass eine Art Tipi-Zelt entsteht. Ganz wichtig: kein Feuer mitten im Wald machen. Feuerstelle vorher immer säubern und mit einem Kreis aus Steinen abgrenzen. Und stets einen Eimer mit Löschwasser bereitstellen.

baue am besten noch ein Zelt daneben auf – beides zusammen ist nun wirklich die Verkörperung von Freiheit schlechthin. Selbst im Winter.

Frauen, die wissen, wie richtig gesammelt, geschichtet und gezündelt wird, sodass das Feuer länger als fünf Minuten brennt, werden garantiert mit bewundernden

à-Tête mit deinem Herzensliebsten in freier Natur, dann lass die Fingerchen von Holzscheiten, Feuersteinen und Zunderbällchen! Dann hocke dich einfach mädchenhaft auf den nächsten Felsbrocken und lobe deinen Pfadfinder eifrig beim Feuermachen. Den Kommentar, dass du es besser kannst, verkneif dir bitte ebenfalls! Dafür wird dir das Wissen darum im Widerschein der Flammen ein beglückendes Lächeln ins Gesicht zaubern.

Blicken belohnt. Die Mühe lohnt sich also in doppelter Hinsicht. Natürlich verstehe ich, wenn du jetzt motzt und meinst, dass das Lagerfeuer auf einer Stufe mit Reifenwechsel, Bierfassanstechen und Grillen steht.

Das mag auf den ersten Blick so aussehen, aber du musst schon zugeben, dass weder das Rumschrauben am Auto noch das Bierzischen, geschweige denn das Würstchenrösten Magie besitzen, stimmt's? Feuer entfachen, am Feuer kochen und es später auch hüten – all dies ist typisch weiblich und schlicht: eine Kunst.

Vorsicht ist nur in einer Situation geboten: Hast du ein romantisches Tête-

„Die Männer mögen das Feuer entdeckt haben. Aber die Frauen wissen besser, wie man damit spielt.“

Sarah Jessica Parker

Mein schönstes Lagerfeuererlebnis:

Sich das Leben leichter machen

Mal ehrlich, sind es wirklich immer die anderen, die uns von etwas abhalten, bremsen und unsere Zeit verschwenden? Nein. Die eigentlichen Übeltäter sind wir oft selbst! In jungen Jahren noch häufiger. Diesbezüglich hat das Alter ganz klar einen Vorteil, denn irgendwann kommt jede Frau an den Punkt, wo sie von ihrer Schusseligkeit, ihrer Unordnung und ihrer Zeitknappheit so genervt ist, dass sie beschließt: „So kann es nicht weitergehen, es muss sich was ändern!"

Ich will gar nicht erst versuchen, diesen entscheidenden Schritt als leicht zu verkaufen. Er ist tatsächlich sauschwer. Diszipliniert werden wir nicht über Nacht, an diesem Vorhaben sind bereits unsere Eltern und Lehrer verzweifelt. Dennoch, liebe Freundin, es ist machbar, sich das Leben leichter zu gestalten! Schlicht und einfach mit Tricks. Ja, die clevere Frau muss ein-

fach ein paar Rettungsringe in ihrem gestressten Leben verteilen, die sie über Wasser halten. Oder wie schon Albert Einstein so schön sagte: „Wissen heißt wissen, wo es geschrieben steht."

Also, leg dir eine Liste, eine App oder ein Buch mit den besten Haushaltstricks von Oma zu, dann fällt der nächste Krampfanfall bei Spinat auf der weißen Bluse (mit einer rohen Kartoffel einreiben – hab ich auf Frag-mutti.de gelesen) oder Filzstift auf dem Sofa (mit Haarspray und Küchenkrepp – Gutefrage.net) aus. Für jede Problemlage im Haushalt gibt es eine Lösung. Wir müssen nur wissen, wo wir sie nachlesen können, oder wie – im besten Fall – die Telefonnummer der eigenen Oma lautet.

Ich bin zum Beispiel immer total vom Kofferpacken genervt. Ob für mich oder meine Kinder – jedes Mal stelle ich mir die gleichen Fragen und verbrauche unheimlich viel Energie für die gleichen Antworten. Auch diese ewige Angst, etwas Wichtiges zu vergessen … Nervig! Und: vorbei! Ich habe mich voriges Jahr selbst ausgetrickst, indem ich schlicht alles aufgeschrieben habe, was im Koffer landete. So entstand eine Liste für den Sommerurlaub und später auch eine für die Skireise. Seitdem packe ich in der halben Zeit.

Entscheidungen sind für mich als Waage-Geborene ebenso ein Graus. Soll ich den grauen, langen oder den blauen, kurzen Rock anziehen, das Meeting auf den Vormittag oder lieber den Nachmittag legen, Lasagne oder Nudeln kochen – Minuten, Stunden, die ins Land gehen, bis Frau Cramer endlich die bestmögliche Antwort gefunden hat. Das nervt! Und ganz ehrlich – ich bin ja auch älter und reifer geworden –, auch hier gibt es für mich seit ein paar Jahren einen Ausweg: Ist meine Zerrissenheit besonders groß und die Entscheidung nicht elementar, werfe ich manchmal einfach eine Münze. Dann habe ich eine Entscheidung, meine Ruhe und jemanden, der schuld ist.

Ich könnte dir jetzt noch von meinem Geschenkeschrank berichten, in den all die bezaubernden Dinge wandern, die ich übers Jahr zufällig für meine Liebsten entdecke und kaufe. Oder von meinem geliebten, altmodischen To-do-Buch, strategisch in der Mitte der Küche platziert, welches all meine Erinnerungszettel von früher ersetzt. Oder von meiner gut ausgestatteten Hausapotheke, welche mir schon an unzähligen Abenden

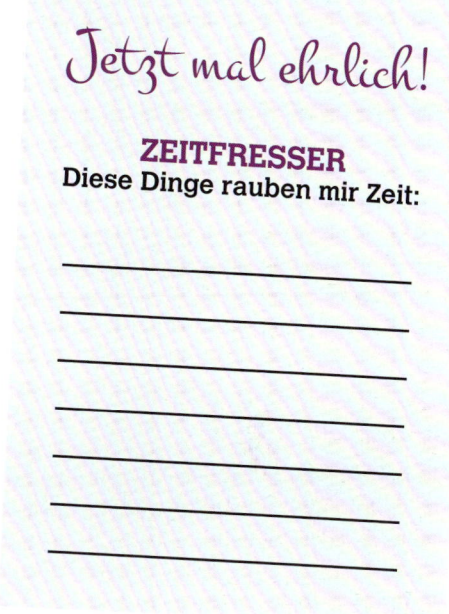

Jetzt mal ehrlich!

ZEITFRESSER
Diese Dinge rauben mir Zeit:

_____

_____

_____

_____

_____

_____

_____

und Wochenenden geholfen hat, Schmerzen zu lindern. Oft danke ich dann still demjenigen, der für diesen Fall vorgesorgt hat: mir.

Und genau das ist meine Botschaft: Mach DIR DEIN Leben leichter, dann bleibt mehr Zeit für die wirklich spaßigen Dinge!

Hiermit mache ich mir das Leben leichter:

Resümee

Eine Fastenkur ausprobieren

Okay, ich bin ganz ehrlich: Ich will nicht nichts essen. Ich will reinbeißen, kauen, schmecken, genießen, mir die Zunge verbrennen, schlucken, einen vollen Bauch haben, müde werden, mich satt fühlen, zunehmen, abnehmen, Pickel kriegen, rote Soße am Kinn und Salat zwischen den Zähnen haben, meinen Körper nähren.

„Wem nichts schmeckt, dem fällt das Fasten leicht."

Eduard von Hartmann

Ich will aber auch entschlacken, meinen Körper von Ballast befreien, den Darm reinigen, meinen Geist klären, mich besser konzentrieren, gar erleuchten, mir meinen Willen beweisen, eine klare Haut bekommen, Gewicht verlieren, meine Lebenserwartung erhöhen, besser schlafen, intensiver träumen, meine Sinne schärfen, fasten.

Beides geht nicht. Essen und Fasten sind so gegensätzlich wie Sommer und Winter, Feuer und Wasser, Lady Gaga und Mutter Teresa. Ich esse gern. Es muss keine Gourmetküche sein, ein Honigbrot oder eine Kartoffelsuppe machen mich schon sehr glücklich. Bekomme ich lange Zeit nichts in den Bauch, wird mir kalt, ich werde unkonzentriert und irgendwann auch übellaunig. Trotzdem reizt es mich immer wieder, eine Fastenkur zu machen. Es klingt so logisch und richtig, den Verdauungsorganen mal eine Pause zu gönnen, Seele und Körper zu regenerieren.

Fasten ist keine Diät!
Nach einer Fastenkur stellt sich das vorherige Gewicht wieder ein.

Maßvoll fasten!
Wer gesund ist, kann unbedenklich einmal im Jahr rund eine Woche fasten.

Vor dem Fasten mit dem Hausarzt sprechen!
Er macht den nötigen Check-up.

Heilfasten vs. religiöses Fasten

In vielen Religionen gibt es eine Form der Fastenzeit, die nur wenig mit dem Heilfasten zu tun hat. Es geht eher um den Verzicht (bei den Christen z. B. auf Fleisch, Alkohol, Süßigkeiten) und ein damit verbundenes Gedenken an religiöse Festtage und Persönlichkeiten.

felt unangenehm und sehnt sich nach fester Nahrung. Nach etwa drei Tagen aber sprechen die Fastenfreaks von innerer Ruhe, Klarheit und geistigen Höhenflügen. Andere brechen jedoch genau dann die Kur ab, weil es ihnen einfach nicht gut dabei geht. Die innere Einstellung entscheidet laut Wissenschaft über Erfolg und Misserfolg. Wollen wir es wirklich, verzichtet unser Körper darauf, in den Alarmmodus wegen akuten Verhungerns zu schalten und Stresshormone auszuschütten. Sind wir halbherzig dabei, bekommen wir Panik, und es geht uns mies.

Tja, was mache ich nun mit diesem ganzen Für und Wider? Ich finde, jede Frau sollte unbedingt mal eine Fastenkur ausprobieren. Ja. Ich bin nur noch nicht so weit, denn ich muss dringend mal an den Kühlschrank …

Doch schon die Vorbereitungen klingen anstrengend: Arztbesuche und gezielte Darmentleerung leiten die Fastenkur ein. Anfänger sollten sich freinehmen, ausruhen und das Fasten ärztlich begleiten lassen. Nur Wasser, Tee, Fruchtsäfte und Gemüsebrühen sind erlaubt. Wer fastet, müf-

Darum will ich fasten:

Resümee

Heimwerkerqualitäten beweisen

Das kann ich nicht! Und ich will es auch nicht! Vor mir liegt ein Haufen Tischbeine, eine Holzplatte, Schrauben, ein Inbusschlüssel und ein Faltblatt mit lustigen Männchen drauf und vielen Hinweisen, die Hälfte davon durchgestrichen. Daneben stehen zwei Kinder, meine, mit glänzenden Augen und einem erwartungsvollen Lächeln im Gesicht. Sie

Doch zu unserer Überraschung und meinem wirklich großen Bedauern tut sich nichts.

Jetzt mal unter uns: Ich bin eine emanzipierte, moderne Frau, ich kann Auto fahren, habe einen Beruf, gehe wählen und habe auch schon ein Haus gebaut. Na ja, bauen lassen. Trotzdem bin ich fest davon über-

haben im Geschäft dasselbe gesehen wie ich: einen wunderschönen, kleinen weißen Holztisch. Zum Malen! Basteln! Kneten! Juhu! Und jetzt wollen sie – genau wie ich–, dass dieser Tisch innerhalb der nächsten fünf Minuten in ihrem Zimmer steht. Ich versuche es mit dem Bibi-Blocksberg-Trick: „Eene, meene, Fischlein, stell dich auf, mein Tischlein, hex-hex!"

zeugt, dass es ein paar Dinge geben sollte, die ausschließlich Männersache sind. Autoreifen wechseln, Bierfässer anstechen und Ikea-Möbel aufbauen. Was also hat mich geritten, als ich unseren Kids diesen verdammten Tisch spielfertig versprach?

Übellaunig vertiefe ich mich in die Bauanleitung, um fünf Minuten später altklug später. Nicht mal eine Stunde haben wir gebraucht! Oh, was bin ich stolz! Und die Kinder erst … auf sich, auf mich, auf unser Werk. Herrlich! Morgen kaufen wir noch ein passendes Regal, und ich verspreche, ich erklimme die nächste Männerbastion: Ich werde die Bohrmaschine aus dem Keller holen und das Ding eigenhändig in die Wand rammen. Ha, wäre doch gelacht!

die schlaue „Baumeister-Mama" raushängen zu lassen. Gemeinsam halten wir Bein an Platte, versenken Schrauben, ziehen Muttern fest und freuen uns über jeden noch so kleinen Fortschritt. Es sind sogar alle Schrauben im Tütchen, und ich verwechsle nur zweimal die kurzen mit den etwas längeren.

Was soll ich sagen? Der Tisch steht zu meinem Erstaunen tatsächlich 50 Minuten

Aber einen Autoreifen werde ich bestimmt nie, nie, nie wechseln!

„Mit etwas Geschick kann man sich aus den Steinen, die einem in den Weg gelegt werden, eine Treppe bauen."

Chinesisches Sprichwort

Resümee

Hitliste meiner Heimwerkerleistungen:

Dinge selber machen statt kaufen

Unbestritten gibt es fantastische Stricksachen, Kuchen, Adventskränze, Fotografien, Bilder, Schnitzereien, Patchworkdecken, Armbänder, Ostereier und Blumengestecke zu kaufen. Das Angebot ist riesig und eigentlich nicht zu übertreffen. Warum also selbst zu Stricknadel, Pinsel, Kamera, Messer, Nadel oder Rührbesen greifen? Weil's Spaß macht! Weil wir es können! Und weil selbst gefärbte und bemalte Ostereier einfach glücklicher machen, ein selbst gebackener Kuchen köstlich schmeckt, und der selbst gestrickte Schal selbstverständlich besser aussieht als der gekaufte! Warum also werden wir dann so selten zur „Handarbeitsbiene"? Weil wir faule, verwöhnte, ungeduldige Wohl-

Der Kranz für alle Fälle

Im Frühjahr aus biegsamen, dünnen Zweigen (z. B. Weide) einen Kranz basteln, indem man die Ruten zum Kreis biegt und leicht mit einem Draht oder Band umwickelt. Zu Ostern mit frischem Grün, Blüten (in kleine Blumenwasser-Phiolen stecken) und Ostereiern, zu Weihnachten mit frischer Tanne, Schleifen, Kerzen etc. dekorieren. Sieht wunderschön aus. Spart Geld. Beeindruckt jeden.

standstussen sind. Aua! Sorry. War nicht so gemeint. Ich wollt ja nur ein bisschen dahin piksen, wo's wehtut: in die weibliche Heimchenseele, die sich hinter dem H&M-Katalog und dem Stapel „Landlust"-Heften verkrochen hat.

„Handarbeit hat Seele."

Frank Dommenz

Wir sind uns ja einig, dass wir schöne Dinge lieben und es uns auch gern in unseren vier Wänden hübsch machen. Und natürlich geht es schneller, bei Ikea oder Butlers abzutauchen und zwei Stunden später mit einer vollen Tüte Dekokram wieder rauszukommen. Aber erinnern wir uns doch mal gemeinsam

Upcycling

Statt Ausgedientes zu recyceln, einfach mal aufwerten! Aus alten Löffeln werden schicke Wandhaken, aus Küchenreiben Lampenschirme und aus Büchern Schmuckschatullen. Bevor das nächste Mal Abgeschriebenes in den Müll wandert: quer denken! Macht Spaß und zaubert Unikate. Das Internet ist voller Ideen.

Surftipps:
www.weupcycle.com
www.facebook.com/DIYrecycling
blog.dawanda.com

an kuschelige Zeiten in einem früheren Dasein, als wir Mädchen selig grinsend kleine Kügelchen und Engelchen um den selbst gesteckten Adventskranz fummelten, Kakao tranken und Weihnachtslieder hörten. Das gleiche Spiel im Frühjahr: Farbe, Bänder, Eier – ein einziges Durcheinander ergab zum Schluss großartig aussehende Ostereier, die wir mit Stolz ins nächste Jahr gerettet haben. Und was haben wir für schön-hässliche Schals gestrickt, manchmal nur aus purer Lust am Stricken. Alles vergessen, vom hektischen Alltag weggespült, als Nostalgie und Kinderkram verpönt.

Schluss damit! Eine Frau sollte unbedingt ausprobieren, wozu ihre Hände in der Lage sind. Selbermachen ist cool, kreativ, umweltfreundlich, meist preiswerter, gesellig, dekorativ und entspannend – wer anderer Meinung ist, soll mir mal ein Hobby nennen, welches genauso viele gute Eigenschaften hat!

Resümee

Das habe ich früher gern selber gemacht:

Das muss ich mal wieder selber machen:

Etwas Bleibendes hinterlassen

Überfällt dich auch von Zeit zu Zeit dieses Gefühl, ein winziges Staubkorn in der Gerümpelkammer des Lebens, nicht wichtiger als ein Tropfen Wasser im Meer des Universums zu sein? Gemessen am Alter unserer Erde entspricht unser Dasein gerade mal einem Wimpernschlag. Eigentlich Grund genug, sich mit einer Großpackung Nougatschokolade und der kompletten Staffel unserer Lieblingsserie aufs Sofa zu verziehen und nie wieder aufzustehen. Oder aber, um erst recht den nächsten Gang einzulegen! Wer sagt denn, dass Amöben und Eintagsfliegen keinen Spaß haben dürfen? Wir sind klein, wir sind viele, aber wir sind einzigartig. Wir entscheiden über die Qualität unseres Wimpernschlags und darüber, ob sich die nachfolgenden Generationen an ihn erinnern werden.

„Gehe nicht, wohin der Weg führen mag, sondern dorthin, wo kein Weg ist, und hinterlasse eine Spur.“

Jean Paul

Also Mädels, ran an die Arbeit! Wir sollten etwas Bleibendes hinterlassen! Wer schreibt, der bleibt. Oder wer toll malt, designt, forscht, singt, kreiert, komponiert. Marie Curie, Coco Chanel und Maria Callas sind längst unter der Erde, dennoch leben wir gern und besser mit ihren Hinterlassenschaften und erwähnen ihre Namen mit Ehrfurcht. Ebenso unsterblich zu werden, ist doch ein schönes Ziel, nicht wahr?

Foto meines liebsten Familienerbstücks

in unserem Garten stehe und erzähle: „Die hat mein Opa als Zweig in der Vase selbst gezogen und dann eingepflanzt." Oder wenn ich die Betten meiner Kinder mit handbestickten Bezügen meiner Großmutter beziehe. Vor Kurzem ist mein Vater gestorben. Er hat uns sein ganzes Leben hinterlassen: aufgeschrieben. Ich freue mich darauf, es zu lesen, und weiß schon jetzt: Es wird das wertvollste Buch in meinem Regal werden.

Ja, ich gebe zu: auch ein kaum erreichbares. Aber zwischen dem Weltruhm und der Staubflocke existieren unendlich viele Möglichkeiten, der Nachwelt erhalten zu bleiben. Ich bin zum Beispiel unwahrscheinlich stolz, wenn ich mit Freunden unter der zwölf Meter hohen Weide

Resümee

Auf welche Hinterlassenschaft wäre ich stolz?

Folgendes Werk existiert schon von mir:

Sich mit den Waffen einer Frau ausrüsten

Cowboys haben Revolver, James Bond hat schießende Autos und Kim Jong Un die Atombombe. Und welche Waffen haben wir? Die drei „Hs" natürlich – Hirn, Herz und Hintern. Und genauso schlagkräftig: das kleine Schwarze, High Heels und ein roter Lippenstift. Das Tolle daran ist, dass wir für diese „Waffen" nicht mal tief ins Gucci-Täschchen greifen müssen, aber Unglaubliches mit ihnen erreichen können: Männer umhauen.

> „Die Frauen machen sich deshalb so hübsch, weil das Auge des Mannes besser entwickelt ist als sein Verstand."
>
> Doris Day

Ja, ich gebe zu, es klingt banal, ist aber wahr. Schau dich doch nur mal in Bus und Bahn, Mensa und Büro und auch abends im Restaurant um. Wo sehen wir noch „Hingucker-Frauen", Ladys, die schön weiblich daherkommen? In der „Gala", der „Bunten" und dem „Playboy", richtig. That's it! Schon im Kindergarten tragen die kleinen Mädchen praktische Ho-

sen, in der Schule hängen ihnen die Jeans genauso in den Kniekehlen wie den Jungs, und eine enge Röhrenjeans ist bereits das Höchstmaß an Sexyness.

Da spricht ja eigentlich auch nichts dagegen. Es spricht nur unheimlich viel dafür, sich diese simplen Zaubermittel einer Frau für den Ernstfall zuzulegen, denn 99 Prozent aller Heteromänner fangen an zu sabbern, wenn ihnen eine gepflegte Frau in einem gut sitzenden Kleid mit hohen Schuhen und roten Lippen entgegenkommt.

Platz für einen Zeitungsschnipsel von deinem Traum-Outfit (Wann hängt es in deinem Schrank?)

Die Verführerin

Das Originalkleid aus dem Film wurde 2006 für 692.000 Euro versteigert

Warum das so ist, wissen wir, auch wenn dieses Wissen vielleicht zwischenzeitlich von Wichtigerem überlagert wurde: Ein Kleid betont die weibliche Figur, zeigt Bein und ist absolut fraulich. Schwarz wirkt schlank, verrucht und cool. High Heels strecken, geben dem Becken einen sexy Kick nach hinten und dem Gang etwas Elegantes. (Vielleicht nicht beim ersten Mal, okay, aber da hilft nur üben.) High Heels tragen diesen Namen übrigens erst ab einer Absatzhöhe von zehn Zentimetern mit Berechtigung, alles darunter sind flache Treter. Rote Lippen sind ein Signal, sie gaukeln Erregung vor, verheißen sinnliche Küsse und lenken den Blick auf die Trägerin. Wobei Rot nicht gleich Rot ist und es mit zu den schwierigsten Angelegenheiten gehören kann, den richtigen Lippenstift-Rotton zu finden. Der falsche lässt uns müde und billig aussehen. Da hilft nur ausprobieren oder beraten lassen. Aber der passende Revolver kauft sich ja auch nicht in fünf Minuten.

Resümee *Bereits in meinem Besitz:*

⬭ **ein roter Lippenstift**

⬭ **ein Paar High Heels**

⬭ **das kleine Schwarze**

An ungewöhnlichen Orten „spielen"

Das Leben kann ungerecht sein, ja, ich weiß. Die einen quälen sich jahrelang, überhaupt oder wenigstens von Zeit zu Zeit einen Menschen so anziehend zu finden, dass sie selbst bereit sind, sich auszuziehen. Anderen ist ein derart wildes Liebesleben vergönnt, dass sie krampfhaft überlegen, was sie noch Wildes ausprobieren könnten – deren Küchentisch hat längst eine Kuhle, sie sind bei der Ménage-à-trois und sämtlichen Sadomaso-Praktiken angelangt.

Und irgendwo dazwischen liegt sie, die ganz normale Sexualität, die ab und zu mal einen Tritt in den Hintern vertragen kann. Es ist kein Geheimnis, dass die schönste Sache der Welt über so herrlich viele Spielarten verfügt, dass es eine Schande wäre, irgendwann den Löffel abzugeben,

ohne wenigstens ein paar davon ausprobiert zu haben. Viele Mädels träumen vom Sex mit einem Unbekannten, mit einer Frau, von Rollenspielen und allerlei lustigem Spielzeug.

Auf der To-do-Liste sollte aber auf jeden Fall ein Wunsch stehen: Sex an ungewöhnlichen Orten. Das Knistern zwischen ihm und ihr plus die Spannung des Es-könnte-jemand-kommen-Effekts ergeben

Der Kick des Entdecktwerdens

Eine Umfrage unter den Mitgliedern des Seitensprungportals Ashleymadison.com ergab, dass die Deutschen nicht etwa im heimischen Schlafzimmer, sondern am liebsten an der frischen Luft zur Sache kommen. Die fünf heißesten Orte: Für 33 % ist der Strand die begehrteste Kulisse, 21 % ziehen den Wald vor, 19 % buchen dann doch lieber ein Hotelzimmer, 17 % steigen dafür ins Auto und 15 % genießen den Höhepunkt auch wörtlich hoch oben: im Riesenrad.

eine hocherotische Mischung! Jede kennt doch das Kribbeln im Bauch, welches sich unweigerlich bei verbotenen Taten einstellt. Welch Feuerwerk, wenn es mit dem Kribbeln weiter unten zusammentrifft! Und nicht zu unterschätzen: Männer lieben Spontanität, ehrliche Lust und Mut. Wer will schon Heidi, wenn er auch mit Pippi Spaß haben kann?

> „Mit einer verliebten Frau
> kann man alles machen,
> was sie will."
>
> Marcello Mastroianni

„Raus aus dem Schlafzimmer und den eigenen vier Wänden, rein ins öffentliche Schlaraffenland der Lust" sollte das Motto jeder Frau wenigstens einmal im Leben heißen. Ob Fahrstuhl, Sauna, Kino, Park – ruhige Orte, welche den permanent spürbaren Kick des Ertapptwerdens vermitteln, gibt es viele, und sie haben

alle eins gemeinsam: Das Liebesspiel dort wirst du nie vergessen!

Resümee

Meine
Top-3-Orte für Sex:

1. _____

2. _____

3. _____

Diese Orte vergess
ich nie, weil:

Einen Mann erobern

Eva ist schuld. Sie hat zuerst die verbotene Frucht vom Baum der Erkenntnis gekostet und anschließend Adam davon abgegeben. Seitdem behauptet alle Welt, sie hätte ihn verführt. Hat sie auch – aber auf die feine, subtile Art, wie es eben nur Frauen können. Ganz harmlos und unverdächtig hielt sie ihm den Apfel hin. Typisch Mann, griff Adam natürlich sofort zu. Und somit gelten wir Frauen seit Anbeginn der Menschheitsgeschichte als Verführerinnen. Und womit? Mit Recht! So emanzipiert wir heute durch Vorstandsflure und Shoppingcenter stöckeln – tief im Herzen sind und bleiben wir eine Eva. Ein Urfrau. Eine Verführerin.

Meisterin der Verführung – Burlesque-Künstlerin Dita von Teese

„Eine richtige Frau wirkt voll bekleidet auf einen Mann anziehender als ein nacktes Weib."

Romy Schneider

Das heißt natürlich nicht, dass wir brav warten müssen, bis der Kumpel mit der Krone auf dem weißen Gaul angaloppiert kommt und fragt. Nein, wie eigentlich immer in unserem Leben entscheiden wir, was, wie und vor allem wen wir wollen.

Der Traummann am Nachbartisch im Café oder der schnuckelige Kollege im Büro gegenüber soll's sein? Wunderbar! Was tun? Ihn ansprechen? Auf gar keinen Fall! Wir bringen ihn ganz unauffällig dazu, den ersten Schritt zu machen. Jawohl! Warum? Weil Männer nix so unsexy finden, wie von einer Frau „aufgerissen" zu werden, und weil auch nichts so unsexy ist.

Auch wenn's lächerlich klingt und wir es ungern zugeben: Mädels wollen erobert werden, und die Kerle machen nichts lieber, als in diesen Feldzug zu ziehen. Insofern könnte der ideale Plan folgendermaßen aussehen: Wir suchen uns den Eroberer aus und stellen uns anschließend als begehrenswerte Schatzinsel dar. Ohne ein

denken: Er ist ein Kämpfer, er will es nicht leicht haben. Er muss verwirrt, verzweifelt und dem Nervenzusammenbruch nahe sein. Dann und erst dann ist es Zeit für das erste kleine Zugeständnis und eine Verabredung.

„Erobere mich!"-Fähnchen zu hissen, aber mit deutlichen Hinweisen auf unsere Bodenschätze und Sehenswürdigkeiten. Da wir alle schon groß und reich an Erfahrungen sind, spare ich mir jetzt Tipps vom sparsamen, aber direkten Blickkontakt, vom auffälligen Haarschmeißen und verführerischen Gang. Das kennen und können wir alles. Wichtig ist nur, einen ganz wesentlichen Fehler zu vermeiden, wenn die Signale Wirkung zeigen: auf keinen Fall strahlende Siegesfreude zeigen und sich ihm an die Brust schmeißen, sondern cool und schon fast desinteressiert tun!

So läuft es nun mal, das uralte und immer wieder erfolgreich absolvierte Balzspiel. So verknallt wir auch sind, immer daran

Wie sagt meine 90-jährige Nachbarin immer so schön treffend: „Billje Mädels taugen nüscht!" Genau. Und Mädels, die sich schnell erobern lassen, wirken auf Männer billig. Deswegen sollte eine Frau im Leben auf jeden Fall einen Mann erobern – aber auf „Eva-Art".

Resümee

Meine schönste Eroberung:

Den Orgasmus vortäuschen

Natürlich können wir das. Vielleicht nicht so gut wie Meg Ryan, aber die musste auch lange üben, bis die berühmte Restaurantszene so ausfiel, wie der Regisseur von „Harry und Sally", Rob Reiner, es wollte. Wir erinnern uns: Harry behauptet, keine Frau könne ihm je einen Orgasmus vorspielen, ohne dass er es bemerken würde. Sally beweist ihm vor allen Restaurantgästen anschaulich und laut das Gegenteil. Und jedes erwachsene Mädel unter der Sonne, das jemals einen guten Orgasmus hatte, weiß: Was aus großer Lust ganz natürlich mit uns passiert, können wir mit etwas schauspielerischem Geschick nachspielen oder auch deutlicher gesagt: nachstöhnen.

„Eine Frau kann jederzeit 100 Männer täuschen, aber nicht eine einzige Frau."

Michèle Morgan

Die berühmte Szene aus dem Film „Harry und Sally", in der Meg Ryan eindrucksvoll in ihrer Rolle als Sally beweist, dass man einen Orgasmus täuschend echt imitieren kann

70 % der Frauen haben mal einen Orgasmus vorgetäuscht – und immerhin 19 % der Männer.

(Umfrage von Mindline Media, 1.000 Befragte zwischen 20 und 35 Jahren)

Nicht, dass ich dir je wünschen würde, es tun zu müssen. Aber für den Fall, dass du mit dem tollsten Mann unter der Sonne Sex hast und deine Gedanken trotzdem ständig zum morgigen Meeting abschweifen, du ausnahmsweise mal keinen Bock oder wirklich Migräne hast, dann, ja dann muss eine Frau manchmal zu der klitzekleinen „Sally-Notlüge" greifen und so tun, als ob. Es ist nicht schön, aber auch nicht schwer und auf jeden Fall besser als Verstimmungen oder lange Diskussionen. Und das Beste daran: Es ist wieder so eine Sache, die nur wir Mädels tun können!

Übrigens: Bei der Testvorführung des Films „Harry und Sally" mussten alle Frauen bei der Szene mit dem nachgespielten Orgasmus lachen, die Männer waren betreten still.

Resümee

Einen Orgasmus vortäuschen ...

- musste ich schon
- mache ich ständig
- kann ich nicht
- will ich nicht
- muss ich dringend mal üben
- brauchte ich noch nie
- super einfach
- verdammt schwer
- kann ich super
- mein Geheimnis ...

Erotische Fotos machen

Erotische Fotos? Die machen doch nur Geliebte, Schlampen oder die Playmates! Ich würde mich niemals vor einer Kameralinse in Unterwäsche oder gar nackt präsentieren!" So in der Art reagieren wohl die meisten Frauen auf diesen „unanständigen" Vorschlag.

> **„Das Auge macht das Bild, nicht die Kamera."**
>
> **Gisèle Freund**

Garantiert geht die Hälfte der Damen jedoch nach spätestens einer Minute gedanklich durch, wie so ein Shooting aussehen könnte und welche Körperpartie eventuell gar nicht so schlecht wegkommen würde. Die andere Hälfte spürt ein Kribbeln im Bauch und möchte am liebsten gleich den Fotografen buchen. Während verbal natürlich noch weiter dagegen argumentiert und prüde der Kopf geschüttelt wird.

Für die meisten Frauen ist die Idee im ersten Moment abwegig, im zweiten jedoch so abenteuerlich, dass sie überlegen, sich darauf einzulassen. Und wenn es nur fürs eigene Ego ist. Wie jedes Gesicht

Soll ich oder soll ich nicht?

PRO

CONTRA

hat auch jeder Körper schöne Seiten, und gute Fotografen sind in der Lage, genau diese zu betonen. Wenn du die schönen Fotos in der Hand hältst, wirst du staunen, und dein Selbstbewusstsein wird sich in ungeahnte Höhen aufschwingen.

Nicht zu unterschätzen sind auch die interessanten Veränderungen, für die so ein mutiger Schritt auf erotischen Wegen oft sorgt: Plötzlich hängen die Bilder im Schlafzimmer, und der eine oder die andere aus dem Bekanntenkreis darf sie sogar angucken! In Beziehungen führt die Freude des Partners oft zu fast vergessenen Frühlingsgefühlen, und auch sonst kann so ein Ausflug zu sich selbst und der eigenen Sexualität sehr anregend sein. Und was wohl irgendwann erst die Enkel zu den Bildern sagen werden …!?

Resümee

Warum ich (keine) erotische(n) Bilder machen möchte:

Einen Geliebten haben

Muss eine Frau einmal im Leben einen Geliebten haben? Schwierige Frage. Aber ich denke: ja. Warum? Weil wir nicht immer die Beziehung führen, die wir uns eigentlich wünschen, und ein Seitensprung uns in vielerlei Hinsicht wirklich die Augen öffnen kann.

Fremdgänger

38,9 % der Frauen und 37,1 % der Männer wagen den Seitensprung – Frauen im Schnitt 2,3-mal, Männer 1,8-mal
(Pro7-Studie)

Anständig, ehrlich und treu, wie wir alle selbstverständlich sind, erschüttert das Bedürfnis, sich mit einem anderen Schatzi als dem eigenen einlassen zu wollen, natürlich zunächst unsere Grundfesten. Ich behaupte, eine Frau überlegt zehnmal intensiver als ein Mann, ob sie ihren Partner betrügen will oder nicht. Männer werden viel stärker von ihrem besten Stück gesteuert. Ich gehe sogar so weit, zu behaupten, dass es keinen Kerl auf unserem Planeten gibt, der bei einer richtig tollen Frau und einer richtig guten Gelegenheit Nein sagt. Okay, ja, es gibt Ausnahmen, aber die sitzen im Vatikan oder mit ihrem Freund auf einem lila Plüschsofa.

> „Fast jede Frau wäre gern treu. Schwierig ist es bloß, den Mann zu finden, dem man treu sein kann."

Marlene Dietrich

Siegt bei einer Frau die Leidenschaft, dann bekommt sie zwar erst einmal viel – im besten Fall eine heiße Affäre, rosige Wangen und Schmetterlinge im Bauch –, muss aber schnell merken, warum die Leidenschaft eine Eigenschaft ist, die auch Leiden schafft. Denn das große Risiko beim Fremdgehen sind wir selbst! Wir romantischen Rosamunde-Pilcher- oder „Sex and the City"-Mädels neigen nun mal dazu, schnell und intensiv Gefühle zu entwickeln, und dann wird's kompliziert: Wir stellen alles infrage.

Ab wann ist es Betrug?

56 % der Männer betrachten Sex mit einem anderen Partner als Seitensprung, bei 54 % der Frauen beginnt die Untreue schon beim Fremdküssen.
(ElitePartner-Studie)

Welcher ist der richtige Mann fürs Leben, welcher nur fürs Bett? Können wir beides

überhaupt voneinander trennen? Selbst wenn unser Kopf Ja sagt, hat unser Herz uns längst etwas anderes gelehrt: Ein Seitensprung öffnet nicht nur Reißverschluss und Büstenhalter, sondern auch den Blick auf die Beziehung. Hat ein Mann eine Affäre, kann er im Herzen treu bleiben, nimmt sich eine Frau einen Geliebten, ist es der Anfang vom Ende der Partnerschaft. Und diese war dann offensichtlich keine gute, denn ihre wahre, große Liebe würde eine Frau nie betrügen.

Resümee

Warum ich treu bzw. untreu bin:

Einfach so das Leben feiern

„Schön ist es, auf der Welt zu sein, wenn die Sonne scheint für Groß und Klein. Du kannst atmen, du kannst geh'n, dich an allem freu'n und alles seh'n ..." Mit dieser Lebensweisheit hielten sich Anita Hegerland und Roy Black 1971 stolze 33 Wochen in den Charts. Und so schnulzig das Liedchen auch sein mag, die Botschaft ist simpel und wahr: Das Leben ist großartig! Ja!

Viel zu oft werden uns schöne Zeiten erst dann bewusst, wenn uns ein Schicksalsschlag trifft. Sind wir krank, trauern wir den gesunden Zeiten hinterher. Bricht die Beziehung auseinander, fragen wir uns, wie die Harmonie nur abhandenkam. Und die liebevollsten Worte hören die meisten Menschen erst zu ihrer Beerdigung – falls Verstorbene hören können.

> „Das Leben ist bezaubernd, man muss es nur durch die richtige Brille sehen."
>
> Alexandre Dumas

Wie verrückt, gestresst, oder besser: verschwenderisch sind wir eigentlich? An den guten Zeiten sollten wir uns erfreuen, sie bewusst wahrnehmen und dankbar sein. Warum also nicht das Leben, die Liebe, die Freunde mit einer großen, fetten Party feiern? Ja! Einfach so.

Wobei „einfach so" zu einer großen Herausforderung werden kann, ich weiß. Irgendwo mitfeiern ist leicht, selbst ein gelungenes Fest organisieren harte Arbeit. Doch mit ein bisschen Organisationstalent, Kreativität und viel Lust am Amüsieren kann man selbst in der kleinsten Bude eine rauschende Party veranstalten. Nicht umsonst gelten wir Frauen

So hab ich das Leben gefeiert!

(Platz für dein Foto)

als die talentiertesten Gastgeber. Du brauchst nur ein bisschen Mut, am besten ein Motto zum Abstimmen der Deko und der Speisen, leckeres – im besten Fall selbst gezaubertes – Essen, gute Getränke, stimmungsvolle Musik und fröhliche Gäste. Zur Beruhigung und für den Notfall stehen Partyratgeber im Bücherregal, Freundinnen auf dem Sprung und ein Cateringservice bereit. Egal wie, der Wille und das Ergebnis zählen, und es ist einfach ein saugutes Gefühl, wenn alle um einen herum schlemmen, sich unterhalten, lachen und im besten Fall sogar tanzen. Für mich ist es der schönste Moment, wenn der Raum summt und sich all meine Lieblingsmenschen amüsieren, dann bin ich dankbar und glücklich.

Eine Hommage an das Leben in Form einer schönen Party ist zweifelsfrei etwas, was eine glückliche Frau organisiert und gefeiert haben sollte, denn „schön ist es, auf der Welt zu sein"!

Resümee

Meine große „Lebensfreude-Party":
Wann? Wo? Mit wem?

....

....

....

....

In die Luft gehen

Willst du sehen, wie ein Nilpferd sich wundert? Wie Störche ins Grübeln kommen? Oder der Leopard beim Jagen verdutzt gen Himmel schaut? Dann steig in einen Heißluftballon, am besten in Afrika!

„Indem er durch die Lüfte emporsteigt, verändert sich der Mensch wahrhaft."

Ludolf von Sudheim

Vor über 200 Jahren hat es uns die tapfere Wilhelmine Reichard vorgemacht – sie krabbelte in den Korb eines Heißluftballons und war von da an süchtig nach dem Gefühl, lautlos über die Erde zu schweben. Wilhelmine war die erste deutsche Heißluftballonfahrerin. Sie hat uns den Weg bereitet. Auch du solltest ihn gehen! Denn eine Ballonfahrt wird zu den unvergesslichen Erlebnissen deines Lebens werden, das kann ich aus eigener Erfahrung versprechen. Man kann sie nämlich nicht mit einem normalen Flug im Flugzeug oder Helikopter vergleichen. Die Kombi aus Nostalgie und Magie übt einen ganz besonderen Zauber aus. Dazu kommt die ständige unterschwellige Angst, der Ballon könnte platzen, sich irgendwo verhaken, in Flammen aufgehen – oder schlicht: abstürzen. Passiert natürlich alles, aber zum Glück nur ganz, ganz selten.

Im Idealfall steigt man aus Thermik- und Romantikgründen zum Sonnenaufgang oder zwei Stunden vor Sonnenuntergang in den Korb aus Stahl und Rattan. In ihm haben je nach Größe maximal 16 Personen Platz. Heißluftballone haben die Form einer Birne und werden – wie der Name schon sagt – durch einen Brenner, welcher vom Piloten bedient wird, mit heißer Luft befüllt. Dieses Brennergeräusch alle paar Minuten und das leise Murmeln der Mitfahrer wird nach dem Start das Einzige sein, was du hörst, denn mit zunehmender Höhe lässt man die Erde samt Krach schlicht und einfach unter sich zurück. Man spricht übrigens vom Fahren und nicht vom Fliegen.

Mein Erinnerungsfoto

Wissenswert

Wilhelmine Reichard stieg am 16. April 1811 als erste deutsche Frau im Ballon von Berlin aus auf.

de. Mir wird meine Fahrt über die Masai Mara bei Sonnenaufgang immer im Gedächtnis bleiben: rot-blauer Himmel über roter Erde, durch die sich der Mara River schlängelt, in ihm baden Hippos, Krokodile warten auf den Sandbänken auf die ersten wärmenden Sonnenstrahlen und auch auf ihr Frühstück, Giraffen genehmigen sich ihren ersten Morgenschluck, Elefanten waschen sich.

Und über diesem faszinierenden Naturschauspiel schweben 16 Touris mit feuchten Augen und demselben Gefühl in der Brust: Sie fühlen sich winzig klein, und trotzdem ist es irgendwie ein erhebendes Gefühl.

In Deutschland werden Ballonfahrten überall angeboten, besonders reizvoll sind sie in den Bergen oder über schönen, freien Landschaften. Hier steht das Erlebnis des Schwebens im Vordergrund. Auf dem schwarzen Kontinent ebenso, aber dort bekommt die Ballonfahrt ihren besonderen Reiz durch die zusätzliche Luftsafari. Das lautlose Gleiten, nur wenige Hundert Meter über der Erde, ermöglicht Anblicke von seltenen Tieren, die man zu Fuß oder im Geländewagen verschrecken wür-

Resümee

Mit dem Heißluftballon über

_____

_____

zu fahren, wäre mein Traum!

Eine Nacht durchtanzen

Ja, wir wissen, dass acht Stunden Schlaf Körper, Geist und Haut guttun. Und ja, wir wissen auch, dass Alkohol ungesund und fremde Männer verführend sein können, und dass sich anständige Mädchen nicht die Nacht um die Ohren schlagen.

Nie werde ich diese fette, rote Sonne vergessen, die sich träge über die Straße schob, während meine Freundin und ich noch träger, innerlich aber vibrierend im Taxi nach Hause fuhren. Was war das für eine Nacht! Wir waren jung, es war Sommer, wir waren in unserem

Aber: Das ist uns sch…egal! Es gibt nämlich kein geileres Gefühl, als bei Sonnenaufgang mit wunden Füßen und Lippen, Schmetterlingen im Bauch und dem Lieblingslied im Ohr aus einem Club zu kommen!

„Der Tanz ist das stärkste Ausdrucksmittel der menschlichen Seele."

Thomas Niederreuther

Der nächste Mädelsabend ist schon geplant!

Am _____

um _____ Uhr

Treffpunkt _____

Mit dabei ist/sind _____

_____

Natürlich ist der Anblick des Clubs bei hellem Licht grässlich, auf fahlen Teint und die Kopfschmerzen beim Aufwachen würden wir gern verzichten, und dass unser Traumtänzer aus der Nacht wirklich anruft, ist eher unwahrscheinlich. Aber das Gute daran: All diese Begleiterscheinungen werden wir vergessen. Zurückbleiben wird nur das Gefühl, eine der intensivsten Nächte unseres Lebens erlebt zu haben.

Lieblingsclub und haben getanzt, bis die Lichter angingen. Können Jugend, Leichtigkeit und das Leben schöner zelebriert werden?

Für mich gehört so eine Nacht unbedingt in die private Biografie eines erfüllten Mädchendaseins!

Resümee
Meine unvergessliche Partynacht:

....

....

....

Entspannung für den Kopf lernen

"Wie, Sie meditieren nie? Aber Sie reinigen doch auch Ihren Körper! Wie kriegen Sie denn den Kopf frei?" Edda, die beste thailändische Masseurin unter der Berliner Sonne, hält kurz mit ihren wohltuenden Griffen an meinem verspannten Nacken inne. Ein Mensch, der nie meditiert, muss ihr ungefähr so oft unter die Finger kommen, wie bei mir Marsmenschen in der Küche landen. Auf meine vorsichtig ins Handtuch genuschelte Frage, warum sie diese Tatsache so erschüttert, folgt ein langer Vortrag über die Vorteile der Meditation für Geist, Körper, den Menschen im Allgemeinen und den Weltfrieden im Speziellen. Gefolgt von einer kurzen Unterbrechung, in der sie mir den Prospekt eines thailändischen Meditationszentrums in einem Tempel in ihrem Kiez holt – mit der dringenden Bitte, doch unbedingt dort mal einzukehren.

Diese Begebenheit liegt ungefähr fünf Jahre zurück, und ich bin ganz ehrlich: Ich bin von der Meditation immer noch so weit entfernt wie der Mond von der Erde. Dennoch weiß ich ganz tief in meiner gehetzten, multitaskingfähigen Großstadtseele, dass ich mich dringend mit Eddas Vorschlag beschäftigen sollte. In Situationen, wo ich arbeitend am PC sitze, ständig neue E-Mails reinprasseln, mein Telefon klingelt, die Kinder gleichzeitig 30 Fragen stellen und im Radio zum zehnten Mal für „Carglass" geworben wird, in diesen Momenten sehne ich mich in diesen kleinen buddhistischen Tempel, um einfach nur eins zu finden: Ruhe.

> „Die Kunst des Ausruhens ist ein Teil der Kunst des Arbeitens."
>
> John Steinbeck

Dass Edda recht hat, ist unbestritten. Psychische Erkrankungen, wie Burn-out und Depressionen, nehmen in Deutschland rasant zu. Die Informationsflut – durch die neuen Medien zusätzlich stark erhöht – ist für

Kleine Pausen für zwischendurch

Nichtstun – Uhr und Handy außer Sichtweite legen und einfach mal die Gedanken schweifen lassen

Kurzschlaf – 5 bis 15 Minuten Siesta wirken Wunder

Gute-Laune-Reiki – eine Hand auf die Mitte der Brust legen, die andere auf den Bauch und 5 Minuten lang leichten Druck ausüben

Luft schnappen – am offenen Fenster tief ein- und ausatmen oder auch einen kleinen Spaziergang machen

Mandala – auch Malen kann den Kopf frei machen

manch einen von uns längst mehr Fluch als Segen. An einem Tag prasselt auf uns heute so viel ein wie auf unsere Vorfahren im Mittelalter in einem ganzen Jahr. Unsere Köpfe erbringen Höchstleistungen, und eine regelmäßige „Wellness-Einheit" würde ihnen extrem guttun.

Ich beherrsche das autogene Training, zumindest in Ansätzen. Meine Hausärztin hat es mir vor Jahren empfohlen, sie überzeugte mich damit, dass sie mit dieser Entspannungsmethode früher ihre Prüfungen und heute ihren stressigen Medizineralltag meistert. Sie gönnt sich die selbstbeeinflusste Entspannung zur Stressbewältigung, Steigerung der Konzentration und Schmerzlinderung täglich auf der Toilette. Warum nicht? Ich schaffe es damit immerhin, den Kopf zum Einschlafen zu überreden, wenn er um Mitternacht unbedingt noch Probleme lösen möchte.

Yoga ist für mich eine ideale Alternative zur Meditation und Autosuggestion. Hier breiten sich Entspannung und Ruhe durch die tiefe, gezielte Atmung und die wiederkehrenden, gleichmäßigen Übungen aus. Während meiner Schwangerschaft spürte ich am Feedback meiner Babys im Bauch, dass sie gut fanden, was Mama auf der Matte macht.

Heute prasselt auf die beiden ebenfalls schon viel mehr ein als auf unsereins im gleichen Alter. Daher möchte ich ihnen gern früh eine Entspannungsmethode nahebringen. Dieses Werkzeug der Selbstbeeinflussung sollte nicht ungenutzt in ihrem „Geräteschrank" liegen bleiben. Daher habe ich Eddas Prospekt rausgekramt. „Menschen, die in der Lage sind, Geist, Bewusstsein und Konzentration unter Kontrolle zu bringen, haben eine größere Möglichkeit, ein Leben in Glück und vollkommener Zufriedenheit zu verbringen. Eine friedvolle Person führt zu einer friedvollen Gesellschaft." So beschreiben die Mönche des Tempels ihre Mission. Ich glaube, ich werde mit den Kindern mal hinfahren – für ihren, meinen und den Weltfrieden.

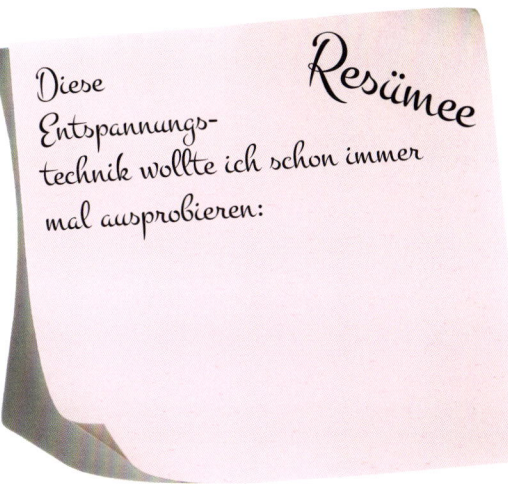

Diese Entspannungstechnik wollte ich schon immer mal ausprobieren:

Resümee

Den Unterschied zwischen Sekt und Champagner schmecken können

Es ist so herrlich beeindruckend, am Glas zu nippen und dann mit lässiger Miene zu sagen: „Sorry, aber das ist kein Champagner!" Dieser Moment steht auf dem Podest der kleinen, unwichtigen Wichtigkeiten gleich neben der Erklärung der Abseitsregel. Die Ansicht „Prosecco, Sekt, Champagner, schmeckt alles gleich! Hauptsache, es perlt – im Mund und im Kopf!" ist für eine Frau, die was auf sich hält, schlichtweg uncool und laienhaft. Wir würden doch auch nie behaupten: „Pumps, Stiefel, Ballerinas – alles das Gleiche: Schuhe!" Oder??? Mögen die Schaumweine auch Ähnlichkeiten aufweisen, im Detail sind die Unterschiede groß, und daher bin ich so frei, zu fordern, dass eine Frau sich in ihrem Leben mal das Vergnügen bereiten sollte, den Unterschied erkennen und schmecken zu lernen!

Ein so sinnliches Geschmackserlebnis mit Worten beschreiben zu wollen, ist natürlich allein schon eine Farce. Es auch noch kurz und einfach zu versuchen – das lässt jeden Sommelier in den Wein-keller eilen, um mir anschließend mit einer Magnumflasche eins über den Schädel zu geben.

Ich wage es trotzdem! Das Geheimnis der Schaumweine liegt in ihren Trauben und ihrer Herstellung. Stark verknappt kann man sagen, dass die meisten Prosecco- und Sektsorten im Tank vergoren werden. Die Grundweine dafür sind oft günstig, genau wie die Methode. Das Ergebnis schmeckt und perlt nicht so fein, und die Gefahr von Kopfschmerzen am nächsten Tag ist hier am größten. Kaum etwas falsch machen kann man hingegen mit einer Flaschengärung. Bei der ruht der Traubensaft mindestens neun Monate in der Flasche im Keller und erreicht so eine exquisitere Qualität.

Tja, und die Krönung der in der Flasche vergorenen Weinchen ist der Champagner – berühmt, teuer und markenrechtlich geschützt. Es dürfen sich ausschließlich Schaumweine so nennen, deren Trauben in der Champagne nach der „Méthode champenoise" oder „traditionelle" angebaut und gekeltert wurden. Champagner schläft mindestens 15 Monate im Keller und wird nicht umsonst auf der ganzen Welt zu besonderen Anlässen ent-

In einigen Städten kann man an Champagner- und Sekt-Tastings teilnehmen.

Unter www.mydays.de und www.jochen-schweizer.de lassen sich zudem noch weitere Angebote rund um die prickelnden Getränke finden.

Bei der Flaschengärung gärt der Wein mindestens neun Monate lang in der Flasche, die Ergebnisse heißen Vin Mousseux oder Crémant in Frankreich und Luxemburg, in Spanien Cava, in Italien Spumante Metodo Classico, in Deutschland Winzersekt und in Österreich Hauersekt, sofern die Grundweine aus einem einzigen Winzerbetrieb stammen (Quelle: Wikipedia).

Die Champagnerhäuser fügen ihren Grundweinen ältere Jahrgänge, sogenannte Reserveweine, dazu, dadurch können sie jedes Jahr den für die Marke typischen Geschmack erzeugen und erhalten. Unterschiede gibt es auch hier, allerdings auf hohem Niveau – ein Jahrgangs-Champagner schmeckt besser als der Grand Brut, ein Rosé anders als ein weißer.

wann tatsächlich herausschmecken, mit Worten aber leider nicht beschreiben kann. Dafür gibt es einen untrüglichen und super leichten Trick, den Unterschied zwischen Sekt und Champagner auch als Laie treffsicher zu erkennen: den Preis.

"Champagner ist das einzige Getränk, das Frauen schöner macht, je mehr sie davon trinken."

Madame Pompadour

Natürlich finden sich auch Sekt- und Proseccosorten mit Flaschengärung, die vom Geschmack her sehr gut sind und durchaus mithalten können, aber zu besonderen Anlässen ist ein Glas Champagner einfach Ausdruck von großer Wertschätzung.

Und selbstverständlich lebt man hervorragend, ohne je einen Tropfen Blubberwasser gekostet, geschweige denn den Unterschied geschmeckt zu haben, allerdings – auch weniger prickelnd …!

Die Genießerin

korkt oder sogar mit dem Säbel geköpft. Fazit: Was lange gärt, perlt fein und schmeckt verführerisch gut!

Einen Champagner erkennt man nämlich schon im Glas an der extrem feinen, lang anhaltenden Perlage. Ich finde auch, dass er eine edle, facettenreiche und besondere Note hat. Champagner sind ausgewogen, mit vielen Nuancen und mit dem besonderen Etwas, welches man irgend-

Mein unvergessliches Champagner-Erlebnis: Resümee

Ein Dirndl tragen

Du ziehst es an und bist eine andere Frau. Ein Dirndl vermag in wenigen Sekunden eine solche Wesensänderung an dir vorzunehmen, wie es nur ganz wenige Kleidungsstücke können. Sicherlich fällt mir das als Berliner Großstadtpflanze mehr auf als eingefleischten alpenländischen Dirndl-Trägerinnen, aber gerade deshalb möchte ich für dieses einerseits biedere und doch so sexy Kleid werben!

Ich habe meine erste Dirndl-Metamorphose mit Mitte 30 erlebt und werde diesen schönen Dirndl-Tag samt halber Nacht auf dem Münchner Oktoberfest nie vergessen. Das Kleid mit Schürze, Bluse und passendem Täschchen hängt noch immer in meinem Schrank, und ich hüte es wie einen Schatz.

Schleifen-Knigge

Das Schleifenwerk am Dirndl zeigt, woran man(n) ist:

Schürze auf der linken Seite gebunden: ledig und noch zu haben.

Schleife rechts: liiert oder verheiratet.

Schürzenschleife vorne mittig gebunden: Trägerin ist Jungfrau.

Schürze hinten gebunden: verwitwet oder Kellnerin.

Was aber hat diese Tracht an sich? Wie gelingt es ihr, eine Frau sofort weiblich aussehen zu lassen? Männer würden jetzt stumpf antworten: „Weil es mehr Dekolleté zeigt als die meisten Kleider!" Das ist natürlich richtig und macht sicher einen großen Teil des Sexappeals aus, aber es ist weit mehr. Der Schnitt ist für jede Figur vorteilhaft: Die Bluse betont Schultern, Hals und Brust, die Taille wirkt geschnürt schön schmal, der weite Rock versteckt jede Problemzone.

Dazu kommen die herrlichen Farbkombinationen – dank Dirndl tragen viele Frauen Farben, die sie sonst nur aus dem Nagellack-Aufsteller kennen und an die sie sich im Alltag (leider) nie rantrauen. Und nicht zu vergessen die versteckten Botschaften: Schleife rechts in der Taille bedeutet vergeben, links gebunden noch zu haben – deutlicher gibt's den Beziehungsstatus nonverbal nur noch bei Facebook.

> „Aus dem Bewusstsein, gut angezogen zu sein, empfängt eine Frau mehr innere Ruhe als aus religiösen Überzeugungen."
>
> Ralph Waldo Emerson

So viel zum äußeren Eindruck. Der entscheidende, um den es mir aber geht, ist der innere. Dieses Gefühl, welches eine Frau empfindet, wenn sie ein Dirndl trägt: Sie fühlt sich automatisch verführerisch. Ein Dirndl mit Reizwäsche gleichsetzen zu wollen, wäre sicherlich übertrieben und würde mir wahrscheinlich einen Shitstorm sämtlicher Heimatverbände und Traditionalisten einbringen. Dennoch bin ich so frei, zu behaupten,

dass ein Dirndl die Fantasie anregt – die der Trägerin und die des Betrachters, denn ein Dirndl ist die perfekte Kombination aus bieder und weiblich. Zusammen mit dem besonderen Flair der „Wiesn", Berghütten und Heimatabende ein echtes Erlebnis – zumindest für alle, die fernab der Berge leben. Fröhlich, bodenständig und naturverbunden geht es dort zu, und die meisten Frauen sind sehr viel ungezwungener drauf als zu Hause.

Ich kann nur empfehlen, es auszuprobieren: rauf auf die Berge, rein ins Dirndl! Schließlich ist es Teil unserer Kultur. Kein Amerikaner, der nie einen Cowboyhut aufprobiert hat, keine Japanerin, die nicht einmal in ein Geisha-Kostüm geschlüpft ist – aber zu viele deutsche Mädels, die noch nie ein Dirndl getragen haben!

Resümee

Ich im Dirndl

Die unzähligen Weltwunder bestaunen

Niagarafälle an der Grenze USA/Kanada

Natürlich ist es völlig verständlich und auch urweiblich, dass bei den meisten Frauen drei Einzigartigkeiten ganz oben auf der „Weltwunder-Liste" stehen: sie selbst, ihr liebster Mensch und ihre Kinder. Klare Sache. Und es spricht ja auch nichts dagegen, morgens noch eine Extrarunde vorm Spiegel einzulegen, um das gelun-gene Gesamtbild zu bewundern, dem Schatzi noch mal besonders ausgiebig übers geliebte Gesicht zu streicheln und die kleinen Hosenscheißer mit 100 Extra-küssen zu überhäufen. Aber es spricht unheimlich viel dafür, sich auch au-ßerhalb des eigenen Dunstkreises umzuschauen und den Blick auf die anderen Wunder der Welt zu richten. Das rückt die eigene Person wieder an die richtige Stelle der Rangliste und macht das Köpfchen hinterm Pony nur klüger. Denn es gibt atem-beraubende Schönheiten auf dem Globus, die eine Frau in ihrem Leben gesehen haben muss!

Bereits im zweiten Jahrhundert vor Christus erstellte der griechische Schriftsteller Antipatros von Sidon eine Liste mit sieben Weltwundern, sprich: einzigartigen Bauwerken der Menschheit. Von dieser Liste existieren heute leider nur noch die Pyramiden von Gizeh in Ägyp-

Sphinx bei den Pyramiden von Gizeh

Meine persönlichen Weltwunder:

1 ....

2 ....

3 ....

4 ....

5 ....

6 ....

7 ....

8 ....

9 ....

10 ....

ten. Alle anderen fielen Kriegen oder Umweltkatastrophen zum Opfer. Dafür sind neue Wunder dazugekommen oder als solche erkannt worden.

> „Jede Neuschaffung einer Kultur geschieht durch starke vorbildliche Kulturen."
>
> ~
>
> Friedrich Wilhelm Nietzsche

Über 90 Millionen Menschen können nicht irren. So viele haben in den Jahren 2006 und 2007 aus 200 Vorschlägen die „sieben neuen Weltwunder" rausgefiltert. Das sind die Ergebnisse der Internetumfrage (Weltwunder-online.de): die Mayastadt Chichen Itza, die Chinesische Mauer, die Erlöserstatue Cristo Redentor in Rio, das Kolosseum in Rom, die Inkastadt Machu Picchu in den Anden von Peru, die Felsenstadt Petra in Jordanien und das Taj Mahal in Indien. Und natürlich sind wir uns einig: Sieben sind eindeutig zu wenig! Die Lagunenstadt Venedig, das Empire State Building in New York oder die Sagrada-Família-Kathedrale in Barcelona gehören für mich unbedingt dazu, genau wie die mystische Steinformation in Stonehenge oder Schloss Neuschwanstein in

Wo war ich schon?

Das Kolosseum in Rom

Auf keinen Fall zu vergessen: die Orte auf unserer Erdkugel, welche die kulturellen Wunder der Menschheit beherbergen, wie das Museum of Modern Art in New York, die Uffizien-Sammlung in Florenz oder den Louvre in Paris. Ja, ja, liebe holländische Nachbarn, natürlich gehört in diese Liste auch das Amsterdamer Rijksmuseum. Aber als Berlinerin plädiere ich dann auch dafür, einen Besuch der berühmten Museumsinsel als „Muss" einzutragen, okay?

Frevelhaft wäre es, sich als Mensch die ganze Zeit selbst auf die Schulter zu schlagen und die unglaublichen Leistungen von Mutter Erde unbeachtet zu lassen: Auch den Blick in den Grand Canyon, einen Tauchgang im Great Barrier Reef, die Besteigung der Bayern. Und jeder von uns fallen noch so viele mehr ein, stimmt's?

Das Taj Mahal in Agra

kann, hat das Kind in sich bewahrt und ist ein glücklicher Mensch.

Dankbar bin ich für all das, was ich sehen durfte und nie vergessen werde. Aufgeregt, wenn ich an die berühmten Orte denke, die ich alle noch besichtigen will. Wehmütig, denn mir geht es ein bisschen wie Antipatros von Sidon. Auch von meiner persönlichen Hitliste musste ich schon Weltwunder streichen: die berühmten New Yorker Twin Towers, die 1.300 Jahre alte Umayyaden-Moschee in Aleppo und der Schnee auf dem Kilimandscharo. Alle drei Weltwunder existieren schon oder bald nur noch in den Geschichtsbüchern – und in meinem Kopf.

höchsten Sanddüne der Welt oder die Beobachtung der größten Wasserfälle der Erde solltest du dir, wenn möglich, nicht entgehen lassen.

Obwohl ich mich extrem kurz gefasst habe, beschleicht dich beim Lesen bestimmt auch das Gefühl, dass man bei all den anerkannten und so empfundenen Weltwundern gut und gern das ganze Leben im Reisemodus verbringen könnte? Ich persönlich hätte da nichts dagegen, kann es mir aber nicht leisten. Außerdem bin ich auch sehr gern zu Hause und freue mich wie verrückt über die kleinen Wunder des heimischen Hauses, Gartens und Lebens. Was ich mit meinen Vorschlägen sagen will, ist: Die Welt ist zu schön, um sie nicht von Zeit zu Zeit zu bestaunen. Denn wer staunen

Resümee

Folgende Weltwunder habe ich bereits gesehen:

. . . .

. . . .

. . . .

. . . .

Einen Porno gucken

Wir kommentieren Fußballspiele, fliegen ins Weltall und regieren Länder – warum in aller Welt schämen wir uns, einen Porno zu gucken? Weil wir gut erzogene Ladys mit einem total spannenden Liebesleben sind, die diesen „Männer-Schweinkram" absolut nicht nötig haben! Ja, genau, und die Erde ist eine Scheibe.

Fürs Kaffeekränzchen mit der Schwiegermutter ist das auch genau die richtige Antwort. Dennoch werden alle Mädels da draußen, die jemals in ein solches Filmchen reingeschaut haben, jetzt grinsen und mir zustimmen, wenn ich sage: Es tut nicht weh, kann im besten Fall anregend sein und ist auf keinen Fall nur etwas für große Jungs. Natürlich lebt es sich auch ohne Pornos gut, ich habe selbst auch keinen im Schrank, trotzdem

finde ich, dass sich keine Frau um dieses erotische „Erlebnis" bringen sollte. Die prüden Zeiten sind zum Glück vorbei, wir

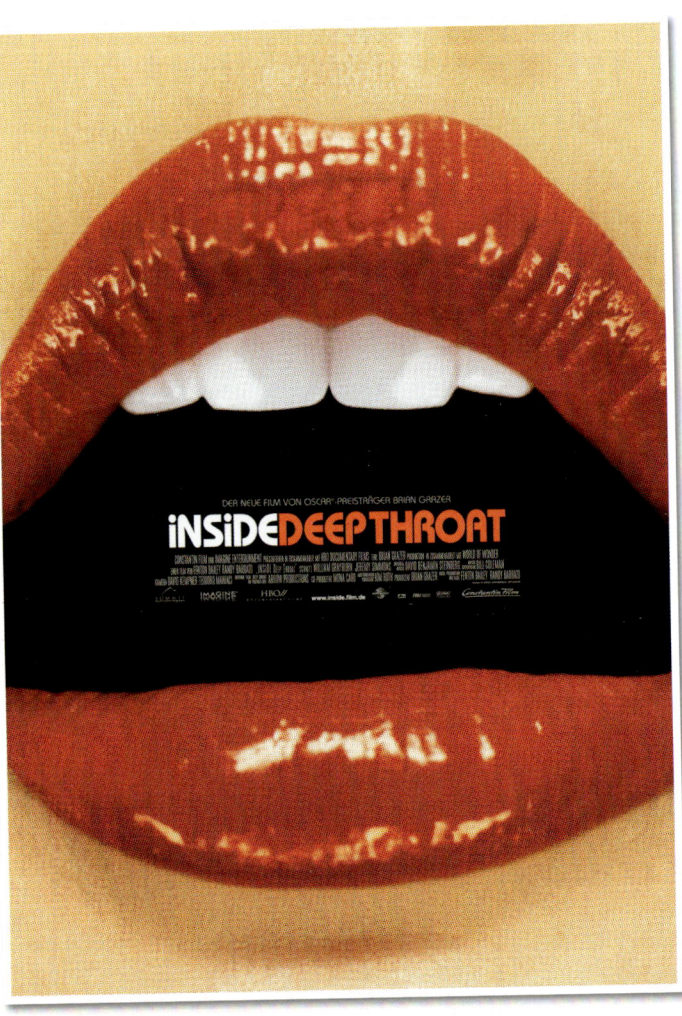

„Deep Throat" – ein Klassiker unter den Pornos. 2005 kam der Dokumentarfilm „Inside Deep Throat" dazu in die Kinos

großen Mädchen sind in puncto Sexualität selbstbewusster. Was früher „pfui" war, ist heute einfach eine Facette einer modernen Lebensweise.

*„Sex ist nur schmutzig,
wenn er richtig gemacht wird."*

Woody Allen

Wie überall gibt's auch in diesem Bereich schrecklich banale, teils sogar frauenverachtende Produkte, die verboten schlecht sind. Aber ein gut gemachter Film kann das Kopfkino und das Liebesleben tatsächlich auf Touren bringen. Der weltweite Erfolg der „Shades of Grey"-Bücher zeigt doch deutlich, dass wir Mädels an manchen Tagen genug von der Weltliteratur haben und uns einfach nur ganz schlicht amüsieren wollen. Und dank Pay-TV und Internetshops

müssen wir nicht mal mehr hochrot mit Sonnenbrille und Perücke in den Beate-Uhse-Laden an der Ecke schleichen.

Was hält uns also ab vom erotischen Kick aus dem Videoplayer? Ja, ja, ich weiß: die Bundesliga, die Marsmission und der G8-Gipfel.

Resümee

☐ Geil!

☐ Kein Kommentar!

☐ Pfui!

Phobien überwinden

Ja, wir sind Mädchen. Ja, wir lieben Schuhe, Schokolade und George Clooney, und: Ja, wir müssen keinen Zwölf-Zylinder-Traktormotor aus- und wieder einbauen können. Aber das heißt doch nicht, dass wir für den Rest unseres Lebens dem klassischen Heidi-, Pippi- oder Barbie-Image entsprechen müssen! Gerade die Frauen sind doch die interessantesten, die anders sind, tougher, vielseitiger, mutiger.

Und darum empfehle ich es geradeheraus, das Undenkbarste und Widerlichste für die meisten von uns: Eine Frau sollte sich mal überwinden und einen Regenwurm, einen Frosch, eine Schlange und eine Spinne in die Hand nehmen. Ich habe lange überlegt, ob ich ein „und" oder ein „oder" zwischen die Tierchen setzen soll und mich für ein „und" entschieden. Wenn schon, denn schon, oder? Wobei ich überzeugt bin, dass die meisten Wahnsinnsfrauen, die dieses Buch lesen, zumindest bei einem Regenwurm und einem Fröschlein kein Theater veranstalten werden. Ich habe diese beiden Glitscheviecher schon als Kind mit großer Leidenschaft aus der Erde oder diversen Tümpeln gezerrt und muss noch heute an mich halten, wenn ich an romantischen Schlossparkteichen

Frösche sitzen sehe. Da zuckt es in meinen Händen, und ich möchte mich sofort ins Schilf stürzen, um den kleinen grünen Kerl vorsichtig hochzunehmen.

Vor Kurzem haben wir den ersten Laubfrosch mit unseren Zwillingen im Park entdeckt, und was glaubst du, wer hat ihn nicht mehr aus der Hand gegeben?

Persönliche Erinnerung an meinen besonders mutigen Moment

Nein, es war nicht mein Mann, und auch unser Sohn schüttelte sich und lief lachend weg. Unsere Tochter und ich hingegen konnten uns nicht sattsehen. Carla streichelte den Frosch so zart und lange, bis ich ihn vor ihr „retten" und zurück in die Wiese setzen musste.

Mit Schlangen ist es eigentlich auch kein Problem. Glatt, lauwarm und fest fühlen sie sich noch am besten von all den Viecher-Varianten an. Sofern man sich sicher sein kann, weder totgebissen noch erwürgt zu werden, sind eine Berührung und das sachte Hochnehmen nicht wirklich schlimm. Finde ich zumindest. Ich kenne aber viele Mädels, für die es der blanke Horror ist. Und das kann ich verstehen, weil es mir mit Spinnen so geht. Ich werde nie vergessen, wie ich als Mädchen nach dem Lichtschalter an meinem Bett greifen wollte und in eine große Spinne fasste, die mir dann noch aufs Gesicht fiel. Es schüttelt mich noch heute bei dem Gedanken. Trotzdem habe ich viele Jahre später eine echte, schwarze, behaarte, giftige Vogelspinne auf die Hand genommen. Und das kam so: In der Zeit, als ich

das Sat.1-Frühstücksfernsehen moderierte, hatten wir einen Tiertrainer als Talkgast. Der gute Mann trainiert Schauspieler, damit sie mit seltenen Tieren arbeiten können, und die Tiere umgekehrt auch. Angereist war er mit einem Skorpion, einem Python und einer Vogelspinne. Als er mir gegen fünf

Courage beweisen!

Das möchte ich in „Angriff" nehmen:

Uhr morgens, kurz vor Sendebeginn, die Hand entgegenstreckte, konnte ich ihm meine kaum geben, weil neben ihm in kleinen Käfigen die Reptilien nur darauf warteten, mich anzufallen. Davon war ich überzeugt …!

Die Sendung begann, und alle halbe Stunde hatten mein Kollege Kurt und ich einen Talk mit dem Trainer. Relativ schnell hängte er uns den drei Meter langen Python um den Hals, und wir moderierten tapfer weiter. Dann setzte er den Skorpion auf den Tisch, wobei wir die coolen TV-Profis mimten, und irgendwann landete die Vogelspinne auf Kurts Oberschenkel. Der mutige Kerl hielt sich standhaft, während ich mich schüttelte und, so weit die Kamera es zuließ, von ihm abrückte. Aber der Trainer blieb hartnäckig, und tatsächlich ließ ich mir zwei Stunden später auch die Spinne ans Bein heften. Schon das kostete mich so unglaublich viel Überwindung! Und was soll ich sagen, zum Ende der Sendung um kurz vor neun war ich so bearbeitet, mutig oder einfach nur mit den Nerven am Ende, dass ich es geschehen ließ: Die Vogelspinne landete auf meiner nackten Hand.

> „Alle Kraft der Menschen wird erworben durch Kampf mit sich selbst und Überwindung seiner selbst."
>
> Johann Gottlieb Fichte

Mein Schrei hat mit Sicherheit einige TV-Geräte außer Kraft gesetzt, was ich bis heute aufrichtig bedaure.

Zu meiner Entschuldigung sei gesagt, dass ich in diesen Sekunden für mich Menschenunmögliches vollbracht habe. Der Trainer muss ein Medizinmann, Hypnotiseur oder Zauberer gewesen sein, aber er hat etwas erreicht, was ich nie für möglich gehalten hätte.

Nicht zum ersten Mal musste ich feststellen: Man kann immer mehr, als man sich zutraut, und das Gefühl, diese schlimme Angst überwunden zu haben, ist berauschend, einmalig und hält lange an. Leider hatte mein Trainingserfolg keine Langzeitwirkung. Ich mache nach wie vor um die kleinste Spinne einen großen Bogen.

Resümee

Nie, nie, nie im Leben würde ich

_____ anfassen.

Davor hatte ich mächtig Bammel, doch ich hab es gewagt:

So ging es mir vorher, dabei, danach:

Mein nächstes tierisches Ziel:

Eine neue Sprache lernen

Für unsere Kinder wird eine Zweitsprache so normal sein wie tägliches Zähneputzen. Bilinguale Kitas, chinesische Kinderfrauen und Schuljahre im fremdsprachigen Ausland sind für den kosmopolitischen Weltbürger von morgen wohl normal, für seine Mutter nicht unbedingt. Aber zum Glück sind wir zum Lernen nie zu alt, eventuell lediglich zu faul. Jetzt mal „Butter bei die Fische", Mädels – ist doch klar, dass jede in ihrem Leben zumindest den Versuch gestartet haben sollte, eine Fremdsprache zu lernen. Es erweitert Hirn und Horizont ungemein.

Das Angebot an Kursen ist riesig: von der Sprach-Lern-App auf dem Smartphone über die Volkshochschule bis hin zur Sprachreise – alles ist zu bekommen, wir müssen uns nur den berühmten Tritt geben oder geben lassen. Klar, wenn der Traummann nur italienisch spricht oder die Karriere plötzlich in Peking steil nach oben geht, dann haben wir noch am selben Abend die ersten Vokabeln Italienisch oder Chinesisch im Speicher.

> „Mein Verhältnis zur französischen Sprache ähnelt dem zu meiner Frau.
> Ich liebe sie, aber ich beherrsche sie nicht."

Hans-Dietrich Genscher

Dümpeln wir aber einfach vor uns hin und kommen auch so gut über die Runden, dann steht der Sprachkurs sicher erst an Stelle 369 der zu erledigenden Dinge. Dabei ist eine Fremdsprache das Tor zu einer anderen Welt: Durch sie wer-

den wir zur Kosmopolitin, beschäftigen uns mit anderen Kulturen, Menschen und Lebensweisen.

Diese Sprachen möchte ich irgendwann mal lernen:

1.

2.

3.

Leider kann ich auf diesem Gebiet überhaupt keine Glanzleistungen vorweisen, sehr zu meinem Bedauern. Ich habe schon so viele Englischkurse gemacht, dass ich sie nicht mehr zählen kann und will, zugegeben mit mäßigem Erfolg. Aber ich komm zumindest klar. Viel schlimmer ist die Geschichte mit mir und der russischen Sprache: Ich habe während meiner Ausbildung zur Außenhandelskauffrau unter wirklich großen Qualen jahrelang sehr intensiv Russisch gelernt und konnte es zum Schluss tatsächlich fließend sprechen. Heute, 20 Jahre später, ist davon nichts übrig geblieben. Meine große Hoffnung ist ja immer noch, dass ich irgendwann einem Hypnotiseur in die Arme laufe und er mir den vom Leben verschütteten Wortschatz in einer Sitzung wieder rauskramt.

Ich bin also kein leuchtendes Beispiel für diesen Punkt auf der Lebens-To-do-Liste, habe aber große Pläne: Ich möchte so gern Französisch lernen und werde mich für einen Kurs anmelden. Und du?

Resümee

Diese Bekanntschaft im Ausland werde ich nie vergessen:

Mein witzigstes/unvergessliches Spracherlebnis:

Die Entdeckerin

Den eigenen Typ verändern

Bei Hollywood-Stars spricht die ganze Welt drüber, bei uns sind es zumindest die Freundinnen, Kolleginnen und vielleicht noch die Bäckereiverkäuferin. Ganz unbemerkt bleiben sie nie, die Veränderungen am Aussehen. Und das ist ja auch ihr Sinn.

Eine andere Haarfarbe, einen neuen Schnitt oder einen komplett anderen Look legen wir uns meist nicht zufällig zu. In der Regel lautet die Formel bei uns Mädels: einschneidendes Erlebnis + ernsthafte Gedanken über uns = veränderte Optik. Warum denn auch nicht? Wir sind doch keine Stirnlappenbasilisken oder Koboldmakis, die ihr Leben lang halt so aussehen, wie sie aussehen. Wir sind die bezauberndsten Wesen überhaupt, und daran hin und wieder zu arbeiten, ist wichtig und richtig!

Natürlich gibt es die Nana Mouskouris und Mireille Mathieus unter uns, die schon im Windelalter ihren Look fanden und bis zum Tod nicht mehr davon abrücken werden. Aber mal unter uns:

Ist das nicht schrecklich langweilig? Noch dazu, wenn das Styling irgendwann einfach unmodern ist.

> „Frauen unterwerfen sich willig der Mode, denn sie wissen, dass die Verpackung wechseln muss, wenn der Inhalt interessant bleiben soll."
>
> ～
>
> Noel Coward

Nicht zu unterschätzen, welche Wirkung eine radikale Änderung haben kann! Von Braun zu Blond, von Rot zu Schwarz, von lang zu kurz – ein super gestylter Kopf zieht die Blicke auf sich. Garantiert. Und ist das nicht herrlich? Ein anderer Typ in zwei Stunden für weniger als 100 Euro! So viel Lifestyle-Abenteuer mit garantierter Adrenalinausschüttung gibt's selten so schnell und günstig.

Aber, mal im Ernst, dann und wann solltest du wirklich dein Aussehen hinterfragen, und das am besten nicht erst, wenn deine Beziehung in die Brüche geht oder du vom Glauben abfällst. Der Eintritt in den Job, ein Karrieresprung, das erste Kind oder die Lebensmitte sind gute Zeitpunkte. Du musst und solltest nicht jeden Trend mitmachen, klar, aber gewisse Stylingstile

ändern sich einfach, und man sieht Frauen an, wenn sie null Ahnung davon haben. Daher macht es von Zeit zu Zeit einfach Sinn, jemanden Fremdes ganz neutral Frisur, Make-up und Kleidung bewerten zu lassen. Manchmal schleifen sich Gewohnheiten ein, die total unvorteilhaft sind, die unseren Freunden aber schon gar nicht mehr auffallen.

Das Leben ist im besten Fall lang und vielfältig, es mit nur einer Frisur zu erleben, wäre eine vertane Chance. Ach, und Halle Berry bekam ihren Oscar auch erst, nachdem die Mähne ab war.

Resümee

Folgende Haarfarben habe ich bereits ausprobiert:

und es hat mir (nicht) gefallen, weil:

Die Sammlerin in sich wecken

Mädels, macht das, was ihr seit ewigen Zeiten am besten könnt: sammeln! Nein, Handtaschen und Schuhe zählen nicht! Ich meine die Geschenke der Natur.

„Wir suchen niemals die Dinge, sondern das Suchen nach ihnen."

Blaise Pascal

Die Fertigkeiten des Sammelns haben uns unsere Urahnen praktischerweise in den Genpool gelegt. Wir Frauen wissen einfach, wo die leckersten Beeren, Nüsse oder Pilze wachsen. Also, raus in die Wälder, Wiesen, Felder und an die Strände, Kopf runter, Po hoch, und los geht's. Wenn du es noch nie ausprobiert hast, wirst du staunen, wie viel Spaß es macht, auf die Suche zu gehen und den Korb oder den Beutel zu füllen. Keine Werbung weist vorher auf den besten Preis

hin, keine Freundin, App oder Anzeige beschreibt den idealen Fundort. Beim Sammeln in freier Natur treiben uns einzig und allein unser wacher Blick, der Instinkt und die große Lust, etwas zu finden, an.

Für das „Sammeln für Anfänger" eignen sich landwirtschaftliche Anlagen zum Selbstpflücken, wie Erdbeerfelder, Blumenbeete oder auch Kirschplantagen. So bekloppt es klingt: Selbst gesammelte Erdbeeren und Kirschen schmecken zehnmal besser als die aus dem Supermarkt, und für den selbst kreierten Strauß wird

Buchtipp für Sammlerinnen

„Essen aus der Natur: Kräuter, Beeren, Pilze sammeln und verwenden"

von Michael Breckwoldt, Stiftung Warentest

dich jeder Besuch loben. Fast genauso simpel finden sich schöne Kastanien, Eicheln und bunte Blätter im Park – vorausgesetzt, du begibst dich nicht an einem sonnigen Sonntagnachmittag auf die Suche.

Der ideale Schwierigkeitsgrad für erfahrene Sammlerinnen findet sich bei der Pilzsuche. Hier kann man nie wissen, ob die als ideal beschriebene oder bekannte Waldlichtung auch in diesem Jahr eine reiche Ernte trägt oder ob nicht vielleicht eine andere Sammlerin den Wecker ein Stündchen früher gestellt hat. Erblickst du aber einen wunderschönen, rehbraunen Steinpilz oder eine Marone im grünen Moos unter der Tanne, dann, ja dann wird auch dein Sammlerinnenherz höherschlagen. Versprochen! Reicht der Ertrag für ein leckeres Pilzpfännchen, hat selbst der Sternekoch an diesem Abend keine Chance. (Hast du allerdings keine Ahnung von Pilzen, streiche bitte das Pfännchen wegen akuter Vergiftungsgefahr und feiere deinen Sammelerfolg lieber doch beim Sternekoch!)

Mit einem menschenleeren Ostseestrand nach einem Sturm kann man eine ausdauernde und fortgeschrittene Sammlerin wie mich sehr glücklich machen, denn dort besteht die große Chance, einen „Hühnergott" zu finden. Die schwarzweißen Feuersteine mit dem ausgewaschenen Loch hängten die Bauern früher in den Hühnerstall, um böse Geister fernzuhalten. Heute schmücken sie an Leder- oder Silberketten Hälse und bringen ihren Besitzerinnen Glück. Die absoluten Sammelprofis entdecken an den Stränden auch noch seltene

Bernsteine und versteinerte Seeigel – dafür müssen aber Ausdauer und Kenntnis wirklich groß sein.

Egal, ob dein Ertrag für eine Erdbeertorte, ein Kastanienmännchen oder eine Muschelkette gereicht hat – das Gefühl, etwas allein in freier Natur gefunden und verwertet zu haben, ist in unserer zivilisierten, modernen, schnelllebigen Zeit kostbar, wohltuend und bodenständig.

Die Entdeckerin

Resümee

Mein schönstes Sammelerlebnis:

Ein Fußballspiel im Stadion sehen

Ja, ich gebe es ehrlich zu: Es gab Zeiten in meinem Leben, da fand ich Männer, die einem Ball nachlaufen, ungemein albern. Fußballfans waren meiner Meinung nach ausschließlich betrunkener Pöbel, und die Champions League hielt ich für den Club der toten Boxer.

Kleines Fußball-Einmaleins:

- Ein Spiel dauert 90 Minuten
- Es gibt 2 Halbzeiten à 45 Minuten
- Insgesamt stehen 22 Spieler auf dem Platz (11 pro Mannschaft)
- Gewonnen hat, wer mehr Tore schießt
- Um die deutsche Meisterschaft wird in der Bundesliga gespielt
- 1954, 1974 und 1990 war Deutschland Fußballweltmeister

Mehr Regeln zum Nachlesen:
de.wikipedia.org/wiki/Fußballregeln

Bis, ja, bis mein Mann in mein Leben trat und mit ihm: Schalke. Er wurde sozusagen als Schalker geboren. Mich hat die Leidenschaft erst mit reifen 30 Jahren gepackt. Und das kam so: Mein Mann und meine Schwiegermutter nahmen mich zu dem legendären Spiel FC Schalke 04 gegen die Spielvereinigung Unterhaching am letzten Spieltag der Bundesliga im Mai 2001 mit. Dort erlebte ich an einem Nachmittag alles, was Fußball ausmacht: fröhliche Menschen in angespannter, freudiger Erwartung, Stimmung, Leidenschaft,

kämpfende Sportler, Siegestaumel und Tränen der Enttäuschung. Für die Unwissenden unter euch: Schalke war vier Minuten lang deutscher Meister – danach nur noch „Meister der Herzen".

Am nächsten Tag saß ich im Fernsehstudio und schwenkte – trotz Verbot des Regisseurs – die Schalke-Fahne. Seitdem kann ich die Mannschaftsaufstellung der Königsblauen samt Ersatzspielern aufzählen und kenne mich auch sonst ein bisschen im Fußballgeschehen aus. Ich war schon in Berlin, Dortmund, Mailand und Liverpool im Stadion. Dafür, dass ich meinem Mann mal Karten für das Spiel FC Liverpool gegen Manchester United im legendären

Stadion an der Anfield Road geschenkt habe und auch noch mitgegangen bin, dankt er mir noch heute.

Soll heißen: Fußballleidenschaft ist anders, als wir es uns vorstellen, und es ist wichtig, dass eine Frau sie wenigstens einmal gefühlt hat.

Sie wird von da an immer wieder dieses Blitzen in Männeraugen entdecken. Mädels, die beim Thema Kicken mitreden, werden für Männer automatisch interessant. Ehrlich, eine einigermaßen fachkundige Spieltaganalyse oder zumindest ein treffender Kommentar zu einem Fußballthema bewirkt bei den meisten Männern mehr als ein tiefer Ausschnitt oder ein enger Rock. Alles in Kombination ist natürlich die Flirtoffensive schlechthin.

zu unterschätzen!), wenn sie sich dem Lieblingsthema der gesamten Männerwelt nicht grundsätzlich verschließt.

Das gefüllte Stadion „Auf Schalke" in Gelsenkirchen

Feiernde Fans zur Fußball-WM 2006 in Deutschland

Die Entdeckerin

„Es gibt Leute, die denken, Fußball ist eine Frage von Leben und Tod. Ich mag diese Einstellung nicht. Ich kann Ihnen versichern, dass es noch sehr viel ernster ist."

Bill Shankly

Nein, im Ernst, so wie wir positiv überrascht sind, wenn Männer wissen, dass Louboutin kein Pariser Vorort und „Sex and the City" kein Porno ist, so gewinnt frau an Achtung und Gesprächsstoff (nicht

Und richtig mitreden kann nur, wer wirklich mal ein Spiel in einem Stadion erlebt hat. So unglaublich und unvorstellbar es für die meisten von euch klingen mag. Ja, geht raus mit eurem Freund, Mann, Kumpel oder notfalls der besten Freundin und hockt euch auf eine der 1.000 Stadiontribünen des Landes!

Kleiner Tipp am Rande: Kauft auf keinen Fall Stehplatzkarten in der Fankurve! Es sei denn, ihr steht auf Körperkontakt der heftigen Art. Bucht lieber einen überdachten Platz auf der Tribüne oder lasst euch – uncool, aber komfortabel – in einem der großen Stadien in eine feine Lounge einladen. Sollte ein Stadionbesuch ein absolutes No-Go sein, dann wählt Plan B und geht wenigstens bei der nächsten EM oder WM zum Public Viewing!

Haar und BH in der Männerwelt, also DER Welt angekommen. Beneidenswert.

Ich kann den Satz des Pythagoras, den Länderfinanzausgleich und die Familienverhältnisse von Brad Pitt erklären, aber Abseits? Nein, sorry, da fehlt mir einfach

Jubel in Stuttgart beim Public Viewing zur Fußball-WM 2006

Für die unter euch, die immer noch ungläubig schauen und einen Stadionbesuch schier außerhalb ihres Vorstellungsvermögens sehen, denen sei gesagt: Ich hätte auch einen viel fieseren Vorschlag machen können, nämlich …

... die Abseitsregel erklären können!

Leider auch etwas, was unbedingt von einer Frau gekonnt werden sollte. Ich glaube, Frauen, die die Abseitsregel erklären können, sind tatsächlich mit Haut,

eine Fußballsynapse im Hirn. Mir wurde die Regel schon so oft erklärt, dass ich beim längeren Darüber-Nachdenken schwermütig werden oder zumindest peinlich berührt sein sollte.

Deshalb hier für alle – schön fein säuberlich aus Wikipedia rauskopiert – die Abseitsregel zum Nachlesen:

„Die Regel 11 (Abseits) des Regelwerks definiert zunächst die Position, an der ein Spieler „abseits" stehen kann. Demnach befindet sich ein Spieler in einer Abseitsstellung …

- *wenn er der gegnerischen Torlinie näher ist als der Ball [umgangssprachlich: wenn er „vor dem Ball" ist] und*
- *er der gegnerischen Torlinie näher ist als der vorletzte Gegenspieler [sich weniger als zwei Abwehrspieler vor ihm befinden] und*
- *wenn er sich nicht in seiner eigenen Spielhälfte befindet."*

Alle drei Punkte müssen gleichzeitig zutreffen. Ist dir jetzt irgendetwas klarer geworden?

Ich denke, ich werde sie einfach auswendig lernen wie ein Gedicht. Oder in meinem Handy abspeichern, zum Spicken, wenn Not an der Frau ist. Außerdem habe ich vor, noch viele Jahre zu leben, vielleicht kann ich die Regel ja auf meinem Sterbebett zum Besten geben. Eine Frau sollte die Hoffnung nie aufgeben.

Wichtig zu wissen: Die Erläuterung „Abseits ist, wenn das lange Arschloch zu spät abspielt" war ein Seitenhieb des Trainers Weisweiler auf seinen Spieler Günter Netzer. Der Kommentar ist nur ein Brüller, wenn ihn jemand trocken zum Besten gibt, der wirklich weiß, was Abseits ist. Viel Glück!

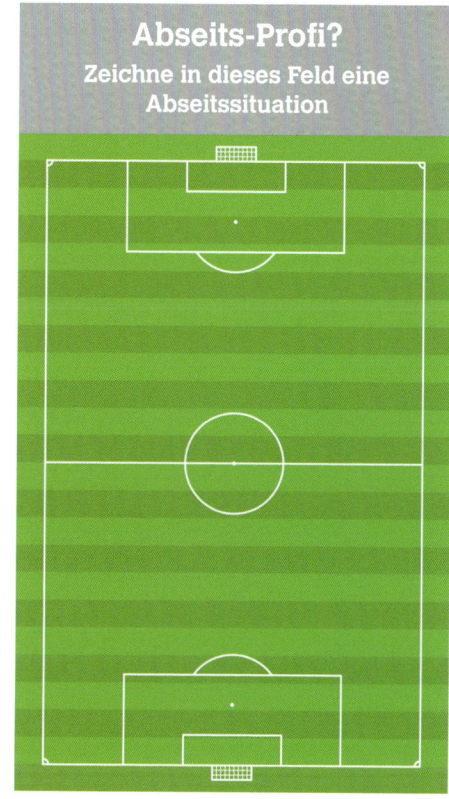

Abseits-Profi?
Zeichne in dieses Feld eine Abseitssituation

Mein tollstes Stadionerlebnis:

Resümee

Erkennen: Weniger ist mehr

Das habe ich:

ein Bett	Haarschmuck
Schuhe	Leitern
Tische	Bilder an den Wänden
Blusen	ein Büro
Stühle	Besteck
Hosen	Jacken
Schränke	Telefone
Pullover	Mäntel
ein Sofa	einen Computer
Wäsche	Uhren
einen Fernseher	eine Gartenbank
Kleider	Mützen
eine Küche	Töpfe
Taschen	Sonnenbrillen
ein Auto	Decken
Hüte	Parfüm
Lampen	Kissen
eine Kamera	Handwerkskram
Pfannen	Bücher
Schmuck	Tücher
einen Grill	Kunst
Cremes	Trödel
Make-up	Tinnef

**Übermaß. Überfülle. Überfluss.
Ich will weniger!**

Eine volle Einkaufstüte macht mich nur kurz im Geschäft froh, zu Hause frage ich mich: Habe ich das wirklich alles gebraucht? Wohin mit den Sachen, die ich ewig nicht getragen habe? Ich kann mich so schlecht trennen. Freue mich aber, noch heute gute Taschen, Tücher,

Mäntel und Schuhe zu tragen, die ich vor zehn Jahren gekauft habe.

Für mich fühlt es sich in letzter Zeit immer besser an, nicht alles haben zu müssen, sich davor zu schützen, im Konsum zu ersticken. Schon seit Jahren kaufe ich weniger als früher, trage auf, erfreue mich immer mehr am Minimalismus. Ich weiß nicht, ob es am Alter liegt, aber ich denke, irgendwann im Leben kommt jede Frau an den Punkt, sich zu fragen: Was brauche ich wirklich? Was hat tatsächlich einen Nutzen für mich?

> „Wenn Sie Ihren Ballast abgeworfen haben, wachsen Ihnen Flügel. Sie werden erreichen, was Ihnen wirklich wichtig ist."
>
> Aus dem Buch „simplify your life"

Nein, ich beschreibe kein reines Wohlstandsproblem. Von den „Geiz ist geil"- und „Ich bin doch nicht blöd"-Werbeslogans fühlen sich nachweislich besonders viele finanziell schwache Menschen angesprochen, weil sie mithalten und nicht

Tipp

Beim Ausmisten des Kleiderschranks alte, heiß geliebte Teile nicht mit aussortieren. Zum einen sind damit häufig Erinnerungen an schöne Zeiten verbunden, und zum anderen könnten die Kleidungsstücke zum Vintage-Highlight im Kleiderschrank werden.

Zweites Leben für Konsumartikel

Verkaufen
z. B. Momox, Amazon, Ebay, Trödelmarkt,
Kleinanzeigen, Kleiderkreisel

Spenden + Verschenken
z. B. Caritas, Oxfam, Kleiderkreisel

Tauschen
z. B. Netcycler, Kleiderkreisel, Zamaro

Do it yourself
siehe Ding #23

der muss sich unweigerlich Einhalt gebieten. Spätestens wenn Kinder unser Leben bereichern, denkt man noch intensiver über Produkte, ihre Inhalte oder Materialien, die Herkunft und den Mehrwert nach. Zum Glück tickt die sehr junge Generation grün: Tauschen, Wiederverwenden,

blöd sein wollen. Sie möchten wie alle anderen kaufen, sich nicht ausgrenzen von der ständig konsumierenden Gesellschaft.

Ohne jetzt zu sehr die Öko-Tussi raushängen zu lassen, man muss doch mal allen Ernstes feststellen: Wer sich auch nur drei Gedanken über die Arbeitsbedingungen der Textilwirtschaft in Drittländern oder unsere von Plastikmüll verseuchten Meere macht,

Teilen, Selbermachen sind „in". Und die sehr reife Generation hat es sowieso nie anders gehandhabt. Fehlen nur noch du und ich im „Weniger ist mehr"-Club!

*Diese Dinge landen nicht mehr im Einkaufskorb,
weil ich sie nicht brauche, nicht benutze oder schon habe:* **Resümee**

Die Entdeckerin

Ins Prinzessinnenkleid schlüpfen

"Heut ist der schönste Tag in meinem Leben!" Millionenfach wird der Satz von strahlenden Bräuten geseufzt. Das ist wunderbar und traurig zugleich. Wunderbar, weil der Hochzeitstag nun mal tisches Make-up und eine elegante Frisur tragen. Wo sie schlicht „Prinzessin" sein dürfen. Dabei haben wir als kleine Mädels doch gerade das am liebsten gespielt. Wisst ihr noch, wie wir es genossen ha-

schön sein soll, komplett, mit allem, was dazugehört. Traurig, weil für gefühlte 90 Prozent aller Frauen der Tag, an dem sie heiraten, der einzige in ihrem Leben ist, an dem sie ein traumhaftes Kleid, fantas- ben, uns schöne Kleider anzuziehen, uns zu verkleiden, von Mama heimlich die Pumps und den Lippenstift auszuprobieren? Warum gönnen wir uns diesen Spaß als große Mädchen so selten?

Bälle für (fast) jedefrau:

- **Semper-Opernball Dresden** www.semperopernball.de
- **Wiener Opernball** www.wiener-staatsoper.at
- **Leipziger Opernball** www.opernball-leipzig.com
- **Opernball Nürnberg** www.staatstheater-nuernberg.de
- **Köln-Ball** www.koelnball.de
- **Chrysanthemenball München** www.chrysanthemenball.de

In einigen deutschen Städten gibt es jedes Jahr Brautkleiderbälle – festliche Ballnächte auf Schlössern oder in Hotels, bei denen man dem Hochzeitskleid einen gebührenden zweiten Auftritt verschaffen kann: www.brautkleiderball.de

Richtig, Deutschland ist mit hochkarätigen Veranstaltungen nicht gerade gesegnet. Bälle sind oft nur für bestimmte Kreise, und die Weihnachtsfeier der Firma schreit nicht unbedingt nach einem bodenlangen Kleid. Die New Yorkerinnen oder London-Girls haben es da leichter: Jedes Wochenende veranstalten die Hotels dort Bälle, und die Gäste kommen in Scharen. Dennoch finden sich mit etwas gutem Willen auch bei uns schöne Veranstaltungen, wo Frauen mit langen Kleidern, auffälligem Schmuck, Hochsteckfrisuren und Abend-Make-up nicht deplatziert, sondern außerordentlich willkommen sind.

Ob mit dem Liebsten oder der besten Freundin – Abende, an denen wir eine Prinzessin sind, sollte es in unserem Leben geben, denn es ist ein verdammt gutes Gefühl, von Zeit zu Zeit mit dem Satz „Heut war die schönste Nacht in meinem Leben!" einzuschlafen.

„Es ist ein Irrtum, anzunehmen, Frauen machten sich schön, um Männern zu gefallen; sie tun es, um andere Frauen zu ärgern."

Marcel Aymé

Ich fühle mich wie eine Prinzessin, wenn ...

Resümee

Die Träumerin

Einen „Hallöchen"-Tag machen

Dieser Tag wird anders als alle Tage, die du je erlebt hast: Grüße jeden freundlich, mit dem du im Laufe des Tages Blickkontakt hast. Egal, ob du ihn kennst oder nicht.

Hä? Was will die? Jeden, wirklich J-E-D-E-N grüßen? Klingt erst mal simpel, bei längerem Drüber-Nachdenken aber schon nicht mehr. Denn für alle, die ihr Geld nicht als Marktschreier oder RTL-Comedian verdienen, gehört eine Portion Überwindung dazu. Wie groß die sein muss, ist abhängig vom eigenen Naturell und natürlich dem Ort, an dem man unterwegs ist. Einen „Hallöchen"-Tag ausgerechnet auf dem Broadway in New York oder an der Spanischen Treppe in Rom zu machen, könnte schnell anstrengend und frustrierend werden. Wählst du aber einen freien Tag, an dem du entspannt ein paar Dinge in deinem Kiez erledigst, oder einen ganz normalen Arbeitstag und grüßt dann all die Menschen, die dir begegnen, dann könnte das ein wirklich unvergesslicher Tag werden.

> „Ein freundliches Wort kostet nichts, und dennoch ist es das Schönste aller Geschenke."
>
> Daphne du Maurier

Mein erster „Hallöchen"-Tag ist mir einfach „passiert". Ich hatte mir gar nicht vorgenommen, besonders freundlich zu meiner Umwelt zu sein, sondern bin einfach – über beide Ohren verknallt, mit einer imaginären rosa Brille auf der Nase – morgens fröhlich singend losmarschiert. Ich konnte an diesem Tag gar nicht anders: Ich musste alle Menschen an meinem Glück teilhaben lassen. Und so strahlte, nickte, grüßte, ja, winkte ich sogar.

Nun ist das mit der spontanen Freundlichkeit besonders in einer Großstadt wie Berlin nicht un-

Wer grüßt wie?

A • Surfer-Gruß
B • Metal-Gruß
C • Trekkie-Gruß

bedingt einfach. Hier schauen die Menschen lieber schnell weg oder zweimal hin – könnte ja wieder so eine durchgeknallte Spinnerin, Bettlerin oder Taschendiebin sein, die sich da freundlich gibt! Trotzdem habe ich die Erfahrung gemacht, dass die meisten Menschen überrascht, aber erfreut reagieren. Besonders ältere Leutchen sind regelrecht selig, wenn sie ein Lächeln und einen Gruß geschenkt bekommen. Einige denken, sie müssten dich irgendwoher kennen, fragen nach. Es ergeben sich kleine Gespräche oder einfach nur ein gutes Gefühl. Die Freude, die sich auf den vielen vorher verschlossenen Gesichtern breitmacht, die ist es, die einen selbst wärmt und glücklich macht. Ein „Hallöchen"-Tag ist ein Tag, an dem man den ganzen Tag kleine Geschenke verteilt, und wir wissen ja alle: Geben ist seliger – und macht seliger – denn Nehmen.

PS: Wenn's richtig gut läuft, dann setze noch einen drauf und verschenk drei Komplimente!

Die Träumerin

Mein „Hallöchen"-Tag: *Resümee*

Am _____ habe ich in etwa _____ Menschen gegrüßt. Diese Reaktion hat mich am meisten positiv/negativ überrascht:

Mein Fazit:

Sich selbst suchen

Wir wissen, dass Karl Lagerfelds Katze Choupette heißt, wo Philipp Röslers Waisenhaus stand, und kennen selbstverständlich sämtliche Vornamen von Heidi Klums Kinderbande – samt Bedeutung. Aber mal im Vertrauen: Wie gut kennen wir uns? Was wissen wir über unsere Vorlieben und Abneigungen, darüber, was uns guttut, wirklich GUTTUT? Was brauchen wir, um glücklich zu sein, und worauf könnten wir verzichten? „Pah, das weiß ich doch! Ich kenne mich selbst am besten!" wird die erste, völlig normale Reaktion der meisten auf diese provokanten Fragen sein. Fällt die Antwort auch nach zehn Minuten des Nachdenkens noch so aus – Glückwunsch! Hausaufgaben gemacht. Eins, setzen.

Wird jedoch die Denkfabrik in unserem Oberstübchen ernsthaft angeschmissen, bahnen sich oft Wünsche, Träume oder Belastungen den Weg in unser Bewusstsein – auch ohne Therapeut.
Wobei dieser Berufsstand sicher enorm helfen kann beim Suchen und Finden von sich selbst. Auch eine kleine Auszeit vom Alltag wirkt oft Wunder – egal ob im Kloster, in Indien oder dem Wellnesshotel „um die Ecke". Tage fern von der Arbeit, der Familie, den Freunden, an einem fremden Ort, nur in Gesellschaft mit sich selbst, ohne viel Ablenkung sind sicherlich Luxus pur. Aber ein Luxus, den sich eine Frau unbedingt leisten sollte. Dem normalen „Keine-Zeit-Reflex" sei das Wissen entgegengesetzt, dass uns eine gesunde Portion Egoismus

> Entspannung und sich selbst finden, z. B. mit Yoga, Entspannungstechniken, Ruhe- und Auszeiten. Bewusstes Entschleunigen stärkt die Abwehrkräfte und macht dich glücklicher. Einfach mal wirklich gar nichts tun, bewusst langsam gehen, essen oder alltäglichen Tätigkeiten nachgehen.

vor Burn-out, Depressionen und anderen Krankheiten bewahren kann. Es gibt Phasen im Leben, da sollten wir uns zum wichtigsten Menschen hochstufen und ganz intensiv hinterfragen. Danach können wir uns zufriedener und glücklicher unserem alten oder neuen – auf jeden Fall selbst gewählten – Kosmos zuwenden und als kleine Sonne fröhlich strahlen.

So abgedroschen es klingt, wenn man „Früher war alles besser" jammert, wahr ist, dass sich das Leben enorm beschleunigt hat und mehr Möglichkeiten bietet als noch vor

50 Jahren. Doch gerade diese fast unbegrenzten Möglichkeiten der Lebensgestaltung können verwirren, ja sogar Angst einjagen. Uns steht die Welt offen, wir könnten theoretisch alles tun und lassen, was wir wollen, und brauchen dafür nur drei Dinge: Power, Ehrgeiz und das Wissen, was wir können und wollen. Doch genau diese wichtige Frage stellen wir uns oft nicht ernsthaft genug und geraten aus

den unterschiedlichsten Gründen in Lebensumstände, die wir uns bei der guten Fee mit den drei Wünschen nie bestellt hätten. Aber, typisch Frau, wir ziehen „das" durch: pflichtbewusst, ausdauernd, hilfsbereit. Und irgendwann sind wir alt und grau und trauern dem Leben nach, welches wir gern gelebt hätten.

> ### „Wer andere kennt, ist klug.
> ### Wer sich selbst kennt, ist weise."
>
> ### Laotse

Kennst du einen Mann, der so oft im Konjunktiv spricht wie die meisten Frauen? Mit an Sicherheit grenzender Wahrscheinlichkeit nicht. „Ach, hätt ich doch nur den Kuchen nicht gegessen!" „Wäre ich nur eine bessere Mutter!" „Wenn ich mehr Zeit gehabt hätte, dann …" Dieses Gedankenkarussell um Dinge, die wir besser, schneller, früher oder auch gar nicht hätten machen sollen, kann zu einer Belastung werden, die selbst die Zufriedenste unter uns missmutig macht.

Glück kommt von innen. Weder Geld, Macht noch Besitz machen dauerhaft glücklich. Wissenschaftler haben herausgefunden, dass wir alle einen sogenannten „Glücks-Soll-Wert" haben. Dieser ist konstant, entsprechend unserem Wesen und unserer Art, mit Konflikten umzugehen. Nach einem Lottogewinn oder einem Trauerfall schlägt unser Wert

für einige Wochen, manchmal Monate nach oben oder unten aus, pegelt sich aber bald wieder dort ein, wo er war. Aktiv können wir ihn nur dauerhaft erhöhen, indem wir mit uns und unseren Lieben im Reinen sind und eine (Lebens-)Aufgabe finden, für die wir brennen. Etwas, was wir mit Leidenschaft machen und was uns erfüllt. Doch dafür müssen wir den Blick von den kleinen Banalitäten abwenden und ihn auf uns richten.

Also, bitte die gute Fee doch mal auf einen Kaffee rein und vertraue ihr deine kühnsten Gedanken und Wünsche an. Nach dem imaginären Gespräch weiß die beflügelte Dame alles über dich, und du, was dir wirklich am Herzen liegt.

Resümee

Liebe Fee, das sind meine drei allergrößten Wünsche:

Wieder Kind sein

Die Träumerin

Patsch! Was war das? Meine Nackenhaare stellen sich auf, eiskalt läuft es mir den Rücken runter. Ein Déjà-vu? Bin ich wieder zehn, zum ersten Mal verliebt und mitten in der schärfsten Schneeballschlacht mit den Jungs aus der Oberstufe? Nein. Ich höre das satte, feiste, gurgelnde Lachen meines Sohnes, und mir wird klar: Er hat gerade seinen ersten Schneeball versenkt. Zielsicher zwischen Jacke und Schal an meinem nackten Hals. Während ich den nächsten riesigen Schneebatzen meiner Tochter von vorn abwehre, nehme ich aus den Augenwinkeln wahr, dass sich nun auch unser Nachbar bückt, um Munition zu sammeln. Fünf Minuten später bekämpfen sich sämtliche noch oder schon gehfähigen Nachbarn unserer Straße bei der wohl erbittertsten Schlacht des Jahres. Die Kleinen gegen die Großen, die Jungen mit den Alten, wer vorbeikommt, muss unweigerlich mitmachen. Wir lachen, schreien, rennen, rot die Wangen, leicht das Herz. Herrlich kindisch! Und leider wäre es wohl ohne die Kinder nicht passiert.

Nostalgie gegen den Alltagsstress! „Kidults" nennt sich das Phänomen: Ob Comics, Hörspielkassetten, Bücher, Filme oder Frühstücksflocken aus Kindheitstagen – Erwachsene nehmen sich gerne mal kurze Auszeiten vom Erwachsenenleben und sind einfach wieder Kind.

Tipps, um das Kind in sich neu zu entdecken

Auf einen Spielplatz oder in einen Freizeitpark gehen, einmal einen Kindheitstraum wahr werden lassen (z. B. Konzert der geliebten Boyband besuchen, Bagger fahren – beispielsweise über mydays.de –, einen Bastelkurs machen, im Spaßbad plantschen oder Autoscooter fahren).

Warum eigentlich nicht? Warum müssen sich Erwachsene immer wie Erwachsene benehmen? Warum schauen wir schief, wenn eine Frau glücklich singend barfuß über die Parkwiese tanzt oder sich ein Mann übermütig im Springbrunnen auf dem Marktplatz abkühlt? Warum ist „kindisch" ein Schimpfwort?

„Ein großer Charakter verliert nie sein kindliches Herz."

Konfuzius

Ich bin überzeugt, dass wir nicht über Nacht den Spaß an lustigen Aktionen verloren haben, sondern dass wir uns freiwillig in das steife Erwachsenenkostüm zwängen. Das ist sicherlich am Ende der Pubertät normal, da wollen wir cool sein und alles, was typisch für ein Kind ist, möglichst schnell ablegen, um zu den „Großen" zu gehören. Deswegen lieben wir aber im tiefsten Herzen vieles weiter, was uns früher glücklich gemacht hat: Eiscreme, Achterbahnen, Marienkäfer, Rutschen, Drachen, Ponys, Ritterburgen, Trampoline, Baumhäuser, Karussells, Prinzessinnenkleider, Bagger, Schneeballschlachten.

Und deshalb sollten wir als souveräne Frauen diese Vorlieben wieder zeigen. Konventionen sind etwas für Langweiler. Das Leben ist zu kurz für permanente Disziplin. Keiner verbietet uns den Spaß am Übermut, höchstens wir selbst. Mädels, die ab und zu das bezaubernd alberne Kind in sich rauslassen, wissen: Nichts hält jünger!

Resümee

Das habe ich als Kind geliebt:

Mein letztes herrlich-kindisches Erlebnis:

Das muss ich unbedingt mal wieder machen:

Idole live erleben

Oh ja, ich war in Tom Cruise verliebt, total versessen auf die Musik von Michael Jackson und neidisch auf den

Tom Cruise – hier mit Kelly McGillis in dem Film „Top Gun"

„Solange man bewundern und lieben kann, ist man immer jung", hat der spanische Cellist Pau Casals mal gesagt. Wie weise und wahr. Wie haben wir als Teenager voller Inbrunst unsere Idole angehimmelt! Ihre Platten gekauft, Filme geguckt, Poster geklebt und keine Kosten und Mühen gescheut, um sie live zu erleben. Kreischend, der Ohnmacht nahe, standen wir dicht gedrängt vor schäbigen Bühnen, um dann wochenlang von diesem Erlebnis zu erzählen und es ganz fest in unser Fanherz zu schließen.

> „Früher fielen die Frauen bei meinem Anblick fast in Ohnmacht. Heute sagen sie eher: ‚Ach, den gibt es noch?'"
>
> Robert Redford

Bestimmt zehnmal habe ich Tom Cruise in seinem Film „Top Gun" angeschmachtet und mir gewünscht, er würde mich statt Kelly McGillis küssen. 15 Jahre später traf ich Tom auf dem roten Teppich bei einer Filmpremiere in Berlin. Erst war ich wie erstarrt, dann konnte ich mich nicht sattsehen und zum Schluss merkte ich, dass der Zauber zwar noch da, er aber nicht mehr mein Typ war. So ändern uns die Zeiten. Trotzdem werde ich diese Begegnung nie vergessen. Genau wie den Moment, als

Hintern von Agnetha Fältskog. Alle drei hingen – zeitversetzt – als Poster über meinem Bett. Na und? Ich stehe dazu. Heute würde ich mir ins Hemd machen, wenn ich Papst Franziskus, Barack Obama oder Angelina Jolie träfe. Weil ich auch sie schätze, verehre und bewundere.

_____

treffen und mit ihr/ihm

_____

_____

wunderst und gern mal sehen würdest, dann nichts wie hin! Wer hält dich davon ab, zu Filmpremieren zu gehen, um Brad Pitt oder Daniel Craig in die schönen Augen zu sehen? Dir Konzertkarten für Rolando Villazón oder Anna Netrebko zu kaufen? Eine Ausstellungseröffnung mit Gerhard Richter zu besuchen, eine Lesung mit Richard David Precht? Oder einfach mal einen ganzen Abend im Berliner Restaurant Borchardt oder in Kais Bistro in München zu hocken und Promis zu gucken? Niemand. Nur du selbst und deine Denke „Das macht man nicht!" oder „Das ist zu aufwendig, zu teuer, zu albern". Nein, nein, nein. Hey, wir leben nur einmal, und jede Frau sollte sich im Leben ihre Idole mal live anschauen. Aus Bewunderung. Aus Übermut. Aus Spaß.

Michael Jackson beim Bambi 2002 live auf der Bühne stand. Mein Teenie-Idol keine zehn Meter von mir entfernt! Ich kämpfte mit den Tränen und werde in ein paar Jahren meinen Kindern erzählen, DEN Michael Jackson mal „in echt" gesehen zu haben. Das ist doch irgendwie, als könnte man sagen „Ich habe Elvis live erlebt", oder? Vor ein paar Jahren erfüllte sich mir ein anderer großer Wunsch: Ich traf bei einem Fotoshooting „Karl den Großen". Karl Lagerfeld! Für mich die lebende Modeikone und einer der hellsten Köpfe schlechthin! Vor lauter Aufregung und Ehrfurcht habe ich kein einziges Wort rausgebracht, werde die Begegnung mit und die Fotos von ihm aber mein Leben lang in besonderer Erinnerung behalten.

Bewegende Momente, welche wir uns gönnen und nicht als kindisch abtun sollten. Den persönlichen Eindruck kann kein Medium dieser Welt ersetzen. Wenn es da draußen jemanden gibt, den du be-

Resümee

Mein schönstes Erlebnis mit meinem Idol!

Die Träumerin

Die kitschig-romantische Seite ausleben

Ja, es mag kitschig klingen. Große Mädchen wollen auf dem Eiffelturm geküsst werden, in Venedig verliebt Gondel fahren und in New York von seinem Schatzi in ein Broadway-Musical eingeladen werden. Na und? Was bedeutet kitschig denn? „Rührselig-sentimental" definiert es der Duden, und ich schreie: Ja! So sind wir! Wir sind gern rührselig-sentimental. Wenn's nach mir ginge, täglich. Ist mir viiiel lieber als abgebrüht-unemotional zu sein.

Bei diesen Wünschen geht es letztendlich ja auch nicht wirklich um den Turm, die Gondel oder die Show, sondern um die Gedanken, die sich unser Herzensmensch gemacht hat, um uns zu erfreuen. Oder die wir uns machen, um ihn zu überraschen! So modern, bitte schön, wollen wir ja nun mal sein. Diese Orte sind deswegen so berühmt, weil sie einfach kitschig-schön sind und Millionen von Verliebten bereits das Gefühl gegeben haben: „Glücklicher verliebt als hier kann man nicht sein!" Und genau darauf kommt es

„Die Summe unseres Lebens sind die Stunden, wo wir lieben."

Wilhelm Busch

Meine Herzschmerz-Szene

Wo:

Wann:

Mit:

Notizen:

Meine Hitliste der romantischsten Filme/Bücher/Songs:

uns Frauen ab und zu an. „Seht her, wir sind bis über beide Ohren verknallt!" lautet die Botschaft an die Welt.

Wir erleben einfach gern plakativ unseren Kleinmädchentraum und sind immerhin schon so erwachsen, dass wir einsehen: Die Chance, als Prinzessin ins Märchenschloss einzuziehen, ist äußerst gering. Also träumen wir vom Eiffelturm und freuen uns wie Aschenputtel, als der Schuh passte, wenn unser modernes Märchen wahr wird. Und mal ganz unromantisch festgestellt: Paris, Venedig und New York muss man im Leben gesehen haben. Zur Not auch unverliebt.

Darüber hinaus werden wir alle die Erfahrung machen, dass die besten Herzschmerz-Szenen nur das Leben selbst plant und auch eine Bank auf einem U-Bahnhof oder das schäbige Zeltplatz-Bistro zu Orten unserer romantischsten Begebenheit werden können – wenn wir offen, verliebt und rührselig-sentimental durchs Leben gehen.

Die Träumerin

Resümee

Ich bin ...

○ ... eine hoffnungslose Romantikerin

○ ... nur in bestimmten Situationen romantisch

○ ... Realistin

Den inneren Schweinehund überwinden

Selbst die unter uns, die nie, nie, nie ein Haustier haben wollten, müssen mit ihm leben und versorgen es sogar regelmäßig mit ausreichend Futter: das fette, launische, unansehnliche Tier namens Schweinehund. Es läuft aus jedem Tierheim weg, und keiner nimmt's zur Pflege. Wir werden es einfach nicht los. Schon morgens lümmelt es bräsig auf unseren Turnschuhen rum, beim Frühstück schiebt es unauffällig das Nutella-Glas in unsere Richtung und grundsätzlich plant es Meetings in unserer Fitnessstudio-Zeit. Richtig glücklich ist es erst, wenn wir gemeinsam mit ihm auf dem Sofa liegen, die Chips in der einen, den Rotwein in der anderen Hand.

> **„Es gehört mehr Willenskraft dazu, kleiner Schwächen Herr zu werden, als offenbare Laster zu beseitigen."**
>
> ~
>
> **Otto von Leixner**

ABER! Man kann den Schweinehund austricksen, jawohl! Und das ist verdammt wichtig, denn wir wollen doch nicht wegen eines ungeliebten Haustiers schlaff und dick werden!?

Lass uns also gemeinsam in den Kampf ziehen! Dafür müssen wir das Vieh erst einmal analysieren. Was mag es besonders? Unsere geheimen Ziele und guten Vorsätze. Die steuert es so sicher an wie das Trüffelschwein die teuren Pilze in der Erde. Mit den richtigen Gegenargumenten und einer großen Portion Antriebslosigkeit macht der Schweinehund unsere Pläne dann systematisch zunichte. Das muss nicht sein!

Wollen wir zum Beispiel endlich anfangen, zu joggen – um abzunehmen, fitter zu werden, den Kopf freizubekommen –, dann ist der beste Maulkorb für das Hundevieh ein Zeitplan, von welchem unter keinen Umständen abgerückt werden darf. Egal, ob es Hamster hagelt oder der Schädel brummt – montags, mittwochs und freitags um sieben schlüpfen wir in die Turnschuhe und joggen los. Jawohl! Ohne Wenn und Aber, gern mit einem kleinen Tritt in Richtung Tier. Das Gleiche gilt natürlich für den Yogakurs oder das Bauch-Beine-Po-Training.

Wer allen Ernstes glaubt, ungestraft unsportlich durchs Leben gehen zu können, ist schlicht naiv. Die Zeiten von „Sport ist Mord" sind out, wir sind für unser Wohlbefinden selbst verantwortlich. Unser Körper braucht Bewegung (nein, Fensterputzen oder Sex zählen nicht!), und wenn wir lange fit, gesund und jung bleiben wollen, müssen wir eine oder mehrere Sportarten treiben und sie auch durchziehen. Und zwar so selbstverständlich wie Zähneputzen, das stellen wir ja auch nicht infrage. Und zum Glück ist das Vieh lernfähig: Nach ein paar Wochen hat sich der Schweinehund längst in eine andere Ecke verzogen, und wir müssen nicht mehr akribisch am starren Zeitplan festhalten. Sport gehört dann einfach zu unserem Leben und macht bereits süchtig und glücklich.

Besonders beliebte Schweinehund-Orte sind auch Küchen. Wittert er einen Diätplan, dann zieht er gleich samt Hundehütte und Kuscheldecke vor den Kühlschrank. Aber auch dagegen gibt's wirksame Mittel. Erstens: unser fester Wille, gesünder und schlanker zu werden – ohne den scheitert jeder Abnehmversuch. Erst wenn es in unserem Kopf „klick" gemacht hat, schmeckt der Salat besser als die Cremetorte. Und zweitens: Alle Verlockungen müssen aus der Küche verbannt werden, denn wir wissen, selbst die diszipliniertesten Köpfe schalten sich mal ab, und dann finden wir die Tafel Schokolade unterm Brokkoli im Gemüsefach. Und drittens: Ein Foto mit unserer Traumfigur am Kühlschrank verdirbt einem den Appetit erstaunlich nachhaltig.

Für alle weiteren Schweinehund-Vorlieben wie rauchen, trinken, shoppen, endlos telefonieren und zu schnell Auto fahren gilt die Maxime: Wenn bis in unsere letzte Hirnwindung die Erkenntnis vorgedrungen ist, was wir lassen müssen, damit es uns gut geht, dann geht's dem Zauseltier schlecht!

Resümee   *Meine ungeliebten Schweinehündchen*

Naschi

Shoppi

Vino

Smoki

Handy

Fauli

Im TV, Radio oder in der Zeitung stattfinden

Da steht sie im Scheinwerferlicht, dreht sich, lacht in die Kameras und – na, klar! – wirft zum Schluss noch übermütig charmant eine Kusshand in die kreischende Masse. Was hat sie, was ich nicht habe? Warum scheint sie alles zu sein und ich ein Nichts? Warum wird man über sie noch in 50 Jahren sprechen und über mich nicht?

Moment mal! Wo steht eigentlich das Schild, das sagt, dass wir nicht mitspielen dürfen? Wer hat gesagt: die da ja, du nein? Niemand!

Es ist unser Leben. Ein einziges wurde uns geschenkt. Einfach so, alles da, der volle Topf an Erlebnissen auf dem Präsentierteller. Greif rein,

mach, was du willst! Ich behaupte, jede die möchte, kann heute im Fernsehen, Film, Radio oder der Zeitung „stattfinden". Na, und im Internet sowieso. Schon allein für den Spaß, die Freundinnen, Kumpels und Verwandten anrufen zu können mit der Nachricht: „Nächste Woche bin ich bei ... zu sehen!" Oder: „Kauf dir schnell die ..., ich bin auf Seite 26!" Dieses Gefühl sollte sich jede Frau einmal gönnen.

> ## „Ich werde noch lange als Wiederholung weiterleben."
>
> ### Rudi Carrell

Wer Sendungsbewusstsein hat und auf der „Bühne des Lebens" mitmischen will, für den findet sich der passende Auftritt für das Familienarchiv, die Flurwand oder zumindest die stolzen Eltern. Man muss sich ja nicht gleich von Dieter Bohlen vor der halben Nation zur Mieze machen lassen, aber man kann sich zum Beispiel als Komparsin, Studiogast oder Mitspielerin in einer TV-Show bewerben. Du bist schlau? Gewinn die Million bei Günther Jauch! Du bist unverwechselbar einzigartig? Unzählige Castingagenturen suchen

ON AIR

Ins Netz gegangen

Für Fernsehen, Zeitung und Radio fehlt die zündende Idee oder einfach der Mut? Kein Problem, im Internet gibt es Tausende Möglichkeiten, seine Gedanken oder auch direkt sein ganzes Leben mit dem Publikum im Word Wide Web zu teilen: auf Blogs, mit Videos auf YouTube, per Twitter ...

Einmal wie Eva Longoria – hier bei den Internationalen Filmfestspielen von Cannes – über den roten Teppich wandeln

aus. Mit etwas Glück landest du schon bald in der Zeitung. Bei der „Bunten" sogar mit Foto. Bei der „Bild" reicht schon ein gelungener Schnappschuss, um dich zur Leserreporterin zu machen.

Ohne euch jetzt mit 38 Seiten an Möglichkeiten langweilen zu wollen – wer nachdenkt, wird seine finden! Was ich meine, ist: Es gibt nicht „die im Scheinwerferlicht" und auf der anderen Seite dich. Wir haben alle das gleiche Ticket gelöst, wir müssen nur die richtige Strecke auswählen.

nach Typen für Werbespots! Oder wie oft stehen verzweifelte Kamerateams in den Fußgängerpassagen unserer Städte, nur um auf Menschen zu warten, die nicht gleich wegrennen, sondern freundlich, in vollständigen Sätzen eine simple Frage beantworten können?! Glaubt mir, ich spreche aus Erfahrung, als TV-Redakteur ist man selig, wenn jemand lächelnd mitmacht – und du bist schneller in den Abendnachrichten, als du einschalten kannst!

Du möchtest in die Zeitung? Kein Problem, du brauchst keine Bank zu überfallen oder das Bundesverdienstkreuz verliehen bekommen zu haben – wobei Letzteres ein grandioses Ziel wäre! –, nein, ein klug-kritischer Leserbrief reicht meist

Resümee

Mein Auftritt in den Medien:

Die Toughe

Endlich lernen, Nein zu sagen

Ein Viertelstündchen hier, ein halbes Stündchen dort. Von diesem Zugeständnis bleibt uns ein Hexenschuss, vom nächsten ein Kilo Übergewicht und vom letzten ein Aktenberg auf unserem Schreibtisch. Warum stimmen wir Frauen lieber zu, statt auch mal etwas abzulehnen? Es mag daran liegen, dass das Wörtchen Ja nur zwei Buchstaben enthält und daher schneller auszusprechen ist als Nein. Nein ist schließlich doppelt so lang. Ein netter Versuch, unsere oft übertriebene Hilfsbereitschaft zu erklären, aber kein guter, ich weiß. Richtiger liege ich wahrscheinlich mit der Begründung: weil Frauen halt gern

nett sind! Wir lieben es, zu helfen, sehen, wo eine Hand gebraucht wird, wo der Staub weg muss und wo jemand allein nicht klarkommt. Das macht uns dann ja meist auch Spaß. Anderen Gutes zu tun, vermittelt uns ein wohliges Gefühl. Nur der Katzenjammer hinterher sorgt für miese Stimmung, weil unsere eigenen Wünsche und Pläne oft auf der Strecke bleiben und wir im schlimmsten Fall sogar ausgenutzt werden, nach dem Motto: Ach, frag doch die, die hilft immer gern!

Grundsätzlich bin ich der Meinung, dass es ein guter Charakterzug ist, hilfsbereit zu sein und nicht mit Scheuklappen durchs Leben zu gehen. Wie oft bekommen wir Gutes zurück! Denn wer für andere da ist, wird im Ernstfall viel lieber unterstützt als ein geborener Egoist.

Tipp

Bei Anfragen um Bedenkzeit bitten und eigene Prioritäten abwägen. Von Schuldgefühlen befreien – z. B. bei einer Absage Alternativen vorschlagen.

Dennoch solltest du, wenn du dich bei meiner Beschreibung dieses speziellen Frauentyps angesprochen fühlst, zu Hause mal still und heimlich üben, wie sich das Wort Nein aus deinem Mund anhört. Anfangs wirst du stocken und dich unwohl fühlen, aber nach dem 50. Mal kommt das Wörtchen, welches dir ungeahnte Zeitressourcen bereitstellen wird, garantiert flüssig über deine Lippen. Die besonders netten Mädels unter uns können ja auch noch üben, eine ehrliche Begründung hinterherzuschieben, nach dem Motto: „Sorry, ich würde gern helfen, aber an diesem Tag habe ich dies oder das geplant." Oder: „Tut mir leid, aber wenn ich dir das jetzt verspreche, kann ich meine angefangene Arbeit nicht beenden, das verstehst du doch?"

Ist dieser erste Schritt getan, folgt der zweite, ebenfalls sehr wichtige: Du musst beleuchten, von wem und in welchen Situationen du dich ausgenutzt fühlst, damit du nicht wieder in diese „Nettigkeits-Falle" tappst. Du solltest auch ansprechen, wenn etwas zur Gewohnheit geworden ist. Unsere Liebsten oder die Kollegen ahnen oft nicht, dass du genervt bist, glauben vielleicht sogar, du lebst gut mit deinem Helfersyndrom.

„Everybody's darling is everybody's Depp."

Franz-Josef Strauß

Bist du dir über all das klar geworden, weißt du jetzt, wie und was du beim nächsten Mal auf die harmlose Frage, ob du eventuell dies oder das tun könntest, antwortest: „Nein."

Resümee

Alarmglocke! Das passiert mir nicht noch mal.

Das hat mir meine „Freundlichkeit" beschert:

Momente, in denen ich nicht abgelehnt und mich hinterher geärgert habe:

Verinnerlichen – am meisten ärgerte mich:

Träume verwirklichen

Der alte Poesiealbum-Spruch „Träume nicht dein Leben, sondern lebe deinen Traum" klingt super simpel, ist aber mit das Schwerste, was man im Leben zu leisten vermag. Überhaupt eine Vorstellung davon zu entwickeln, was man wirklich will, sich zu erträumen, wie das Leben idealerweise aussehen könnte, ist nicht leicht. Natürlich gibt es glückliche Ausnahmen unter uns, die schon mit sieben wussten, dass sie zur Konzertpianistin oder Tierärztin geboren sind. Aber der Großteil quält sich durch alle erdenklichen Schulstufen, immer begleitet von der Frage: „Und, Kleine, was willst du mal werden, wenn du groß bist?" Das wissen wir aber mit 12, 14 oder 16 oft noch nicht oder wir trauen uns nicht, unsere Träume Realität werden zu lassen.

Und so tappen wir in wohlbekannte Fallen wie „Erst mal Abi machen und dann weiter überlegen", „BWL studieren – passt immer!", „Eine Lehre anfangen, die den Eltern gefällt" oder im schlechtesten Fall: den Ausbildungsplatz nehmen, den man kriegt, auch wenn der Beruf einen null interessiert.

Ich tappte in Falle zwei und drei, und mit Mitte 20 kreisten meine Gedanken nur noch um eine Frage: Wie soll meine Zukunft aussehen? Meine damalige Arbeit bei einer Kosmetikfirma machte mir Spaß, aber dieser ständige Blick auf die Uhr – wann ist die nächste Pause? Wann ist Feierabend? – machte mir zunehmend zu schaffen. Ich hatte das Gefühl, meine Lebenszeit zu verschwenden. Also, verdammt noch mal, welcher Traum war so lebenswert, dass ich alles hinschmeißen und ihn verwirklichen würde? Drei lange

> „Ich wünschte, ich hätte den Mut gehabt, mein eigenes Leben zu leben und nicht das Leben, das andere von mir erwartet haben.", ...
>
> „Ich wünschte, ich hätte nicht so viel gearbeitet und stattdessen mehr Zeit mit der Familie, den Kindern verbracht." und ...
>
> „Ich wünschte, ich hätte mir erlaubt, glücklicher zu sein." ...
>
> ... sind drei von fünf wesentlichen Dingen, die Menschen am Ende ihres Lebens bedauern. Herausgefunden und beschrieben in dem Buch „5 Dinge, die Sterbende am meisten bereuen" (Bonnie Ware, Arkana Verlag).

5 Schritte zum Ziel

1. Analysiere deine Ausgangssituation: Was willst du verändern? Warum? Was geschieht, wenn sich nichts ändert?

2. Bestimme dein konkretes Ziel: Was willst du kurz-, mittel-, langfristig erreichen? Welchen Nutzen bietet dir das erreichte Ziel?

3. Plane deinen Weg: Wer oder was kann dir helfen? Welche Schritte sind nötig? Wie reagierst du auf Hindernisse?

4. Mach einen detaillierten Zeitplan: Welches Etappenziel willst du in der nächsten Woche, im nächsten Monat, am Ende des Jahres erreichen, um deinen Traum zu verwirklichen?

5. Setze deinen Plan um: Gehe einen Schritt nach dem anderen. Vergleiche immer wieder Position und Ziel. Leite rechtzeitig nötige Kurskorrekturen ein. Und ganz wichtig: Bist du am Ziel, dann schmeiß eine große Party!

(Quelle: HelfRecht-Regelkreis)

Jahre horchte ich in mich rein, bis ich endlich spürte, welche Berufsrichtung mich glücklich machen würde. Ich wollte zum Fernsehen. Als der Gedanke erst mal da war, erschien mir dieser Weg richtig und passend, aber auch so verrückt und unerreichbar, dass ich niemandem davon erzählte. Heimlich ging ich ihn an. Schritt für Schritt direkt drauf zu. Ich sprach bei Fernsehsendern, Sprech-Erziehern und Chefredakteuren vor und erzählte ganz offen, was ich wollte. Nie werde

ich vergessen, wie ein älterer Redakteur an meinem ersten Praktikumstag bei Sat.1 auf meine Aussage „Ich will Fernsehmoderatorin werden!" sagte: „Moderatorin? Das sagst du so frei raus? Da könntest du auch gleich sagen, du willst Astronautin werden!" Ja, er hatte recht. Ungefähr so unerreichbar erschien mir mein Traum zu diesem Zeitpunkt auch, aber ich wusste etwas, was er nicht ahnte: Ich hatte den unbändigen Willen, mir und nun auch ihm zu beweisen, dass ich es schaffen konnte.

Natürlich gab es Umwege, Enttäuschungen und Rückschläge, aber es haben sich auch viele Türen geöffnet. Und das ist mein großes Fazit aus dieser Zeit: Die Menschen spüren, wenn in dir ein Feuer brennt. Du schaust nicht auf die Uhr, haderst nicht, sondern ackerst mit großer Freude, wenn du etwas gefunden hast, was dir entspricht, was dich erfüllt. Kurz: wenn du die Chance hast, deinen Traum zu verwirklichen.

„Unsere Träume können wir erst dann verwirklichen, wenn wir uns entschließen, einmal daraus zu erwachen."

— Josephine Baker

Geh es an, du hast nur dieses eine Leben! Viel zu oft neigen wir Mädels dazu, zu bescheiden zu sein, uns unterzuordnen und uns mehr um die Belange anderer als um unsere eigenen zu kümmern. Wir liefern in Schule und Uni die besseren Leistungen ab, managen später Familie und Beruf mit rätselhaft großer Power, sind schlicht belastbar und multitaskingfähig. Es kann passieren und ist auch nicht schlimm, dass die eigenen Träume auf Jahre in die Abstellkammer verbannt werden. Das heißt aber nicht, dass sie da zu Staub zerfallen müssen! Steck dir ein Ziel! Es gibt deinem Leben einen neuen Sinn, es lässt dich morgens fröhlich aus dem Bett springen, es hilft dir, Probleme auf dem Weg dahin links liegen zu lassen und dich schon an kleinen Erfolgen zu freuen. Aus der Sekretärin kann eine Yogalehrerin, aus der Regisseurin eine Biobäuerin oder aus der Hausfrau eine Unternehmerin werden. Alles ist möglich. Wenn du fest an dein Ziel glaubst, sind die Chancen groß, es zu erreichen.

Resümee

Meine Träume sind:

Einen Neuanfang wagen

Du kennst jede Ampelphase deines Ortes, alle Supermarktverkäuferinnen mit Namen und sogar die Gassi-Zeiten sämtlicher Nachbarshunde? Du hängst noch in denselben Clubs ab, in denen du schon deinen ersten Kuss geschmeckt hast, und feierst auch deinen 40. Geburtstag wieder mit ehemaligen Schulfreunden und selbst gemachten Buletten? Dann ist gegen deine treue Seele und deine Beständigkeit natürlich einerseits nichts einzuwenden. Andererseits müsste man dir 100 Mietstudenten vors Haus stellen, die dir eine Woche lang mit ihren Megafonen Folgendes ins Ohr brüllen: „Raus, raus, raus! Du musst mal raus! Die Welt ist groß! Wie spannend und inspirierend könnte wohl dein Leben in einer anderen Stadt, einem anderen Land verlaufen? Finde es heraus!"

Manchmal widerfährt uns auch ein Neuanfang, ohne dass wir ihn wollten. Zum Beispiel, wenn die Liebe geht und die Beziehung zerbricht. Jede von uns weiß, wie weh das tut. Bei einer großen Liebe so sehr, dass es uns den Atem raubt und wir nicht mehr sein wollen. Aber selbst dieser Schmerz hat eine gute Seite: Er macht uns überdeutlich, wie intensiv wir existieren, fühlen, leben. Wir glauben, die Wunde würde nie heilen. Tut sie aber. Das Leben legt mit Erlebnis für Erlebnis eine neue Schicht Heilcreme auf, und irgendwann juckt die verwundete Stelle nur noch ein bisschen. Im besten Fall sind wir dann längst neu verliebt, und zwar in den „Richtigen" – für den nächsten Lebensabschnitt.

Nächstes Jahr …

So schnell wie möglich werde ich …

Noch in diesem Jahr will ich …

In den nächsten fünf Jahren möchte ich …

Der Job ist langweilig, der Chef nervt, die Bezahlung ist mies? Alles kann verändert werden. Idealerweise nicht Hals über Kopf, aber gut geplant sind eine Kündigung und ein Neu-anfang bei einer anderen Arbeits-stelle oft genauso erfrischend wie ein Spaziergang am Meer.

> „Der sichere Weg zum
> Erfolg ist immer,
> es noch einmal zu versuchen."
>
> Thomas Alva Edison

Irgendwann, aus den unterschied-lichsten Gründen haben wir alle mal das Gefühl, eingeengt zu wer-den und kaum noch Luft zum Atmen zu bekommen. Oft liegt es daran, dass wir uns nicht mehr bewegen, erstarrt verharren. Besonders uns Mädels fällt es manchmal schwer, das schützende, gemütliche Nest zu verlassen, Abstand zu lieb ge-wonnenen Menschen zuzulassen. Dabei ist rückblickend für die meisten ein Neuanfang das wichtigste Erlebnis ihres Lebens, ein bereichernder Schritt, auf den sie richtig stolz sind. Und tief im In-nern wissen du und ich, warum das so ist und wer es am schönsten formuliert hat. Richtig, der alte Hermann Hesse: „Jedem Anfang wohnt ein Zauber inne, der uns beschützt und der uns hilft zu le-ben. Wir sollen heiter Raum um Raum durchschreiten, an keinem wie an einer Heimat hängen, der Weltgeist will nicht fesseln uns und engen, er will uns Stuf' um Stufe heben, weiten!"

Auf diesen Newstart bin ich stolz:

Resümee

Die eigene Stimme nutzen

Der Malala-Tag ist nicht mein Tag, heute ist der Tag jeder Frau, jedes Jungen und jedes Mädchens, die ihre Stimme für ihre Rechte erhoben haben." Dies sagte Malala Yousafzai am 12. Juli 2013, ihrem 16. Geburtstag, bei ihrer Rede vor den Vereinten Nationen in New York. Malala ist das tapfere Mädchen aus Pakistan, welches seinen Kampf gegen die Taliban und für das Bildungsrecht von Mädchen fast mit seinem Leben bezahlt hätte. Aus nächster Nähe niedergeschossen, überlebte Malala schwer verletzt und stärker als zuvor. Heute ist sie die berühmteste Kinderrechtsaktivistin der Welt.

Malala ist das beste Beispiel dafür, wie viel schon junge Menschen erreichen können, wenn sie den Mut haben, ihre Stimme zu erheben. Wer Malala sprechen hört, hat nicht den Eindruck, einem Teenager zuzuhören. Malala spricht klar, klug und authentisch. Man kann sich ihr nicht entziehen, muss ihr einfach zuhören.

Niemand von uns kann sich mit diesem außergewöhnlichen Mädchen vergleichen, aber wir können von ihm lernen. Malala zeigt uns, welche unschlagbaren Waffen uns praktisch in die Wiege gelegt wurden: Intelligenz und Stimme.

> „Freiheit ist das Recht,
> anderen zu sagen,
> was sie nicht hören wollen."
>
> George Orwell

Die bekannte Kinderrechtsaktivistin Malala bei ihrer Rede vor den Vereinten Nationen im Juli 2013

die neidische Kollegin mit ihrem Mobbing oder der drängelnde Rentner an der Kassenschlange. Immer wieder müssen wir uns gegen Angriffe wehren. Mit einer deutlichen, lauten Ansage lassen sich weit mehr Konflikte friedlich lösen, als man denkt.

Ich habe während meiner Moderatoren-Ausbildung die Erfahrung gemacht, dass mit einer geschulten Stimme auch das Selbstbewusstsein und der Gerechtigkeitssinn wachsen. Wer weiß, wie man sich Gehör verschafft, der nutzt dieses Können immer häufiger für sich und andere. Oder wie es Malala so schön sagte: „Ich erhebe meine Stimme – nicht um zu schreien, sondern um für die zu sprechen, die keine Stimme haben."

Diese simple Tatsache machen sich viele Frauen nie bewusst. Dabei kennen wir es alle (und waren wahrscheinlich selbst eins): das Mädchen, welches mit Piepsstimme und Tränen in den Augen einen Fehler eingesteht. Während sich Jungs oft in der gleichen Situation lachend in den Schritt greifen und den Macho spielen. Wir wollen immer niedlich, brav und leise sein und stehen dann im schlechtesten Fall auch noch mit 30 piepsend vorm Chef. Eine klare, echte Stimme, also eine, die aus dem Bauch kommt, wird total unterschätzt, kann aber in vielen Situationen rettend sein.

Du hast sie auch erlebt, diese Momente, wo du dich verteidigen musstest. Ob es die frechen Mitschüler auf dem Schulhof waren, die dir auf den Po hauen wollten, der Pöbler in der U-Bahn, der betrunkene Verehrer in der Bar,

Resümee

In diesem Moment musste ich mich oder andere verteidigen und meine Stimme erheben:

Die Toughe

Die Bedürfnisse ihrer Haut kennenlernen

Die bezaubernde und wunderschöne Sophia Loren hat einmal gesagt: „Charme ist der unsichtbare Teil der Schönheit, ohne den niemand wirklich schön sein kann." Stimmt. Aber da du selbstverständlich mit Unmengen von Charme beschenkt wurdest, solltest du dich auch um den sichtbaren Teil der Schönheit kümmern: die Gesichtspflege!

Es klingt so simpel, so selbstverständlich, ich weiß. Aber du weißt auch, wie viele Mädels in diesem Bereich verunsichert sind und keine Ahnung haben, was die richtige Pflege für sie ist, stimmt's?

Eine Frau muss sich einfach von Zeit zu Zeit mit ihrer Haut, deren Bedürfnissen und der passenden Pflege beschäftigen.

Und dies bitte schön nicht erst, wenn die Fältchen nach dem Lachanfall noch Stunden fleißig weiterlachen.

Auch ist es nicht immer mit der Creme getan, die der besten Freundin guttut, denn höchstwahrscheinlich hat deren Haut einen ganz anderen Zustand. Hier sind Experten wie eine gute Kosmetikerin, Hautärztin oder Beraterin am Kosmetikstand in Kaufhaus oder Parfümerie gefragt. Die konkrete Beschreibung deiner Empfindungen und eine richtige Hautanalyse durch die Experten führen zusammen im Bestfall zur idealen Pflegeserie.

Meine Top-5-Schönmacher

1. Ampullen-Kur (Babor)
2. Intensive Feuchtigkeitsmaske (Dior)
3. Pflegeöle (Clarins)
4. Porenverfeinerndes Serum (Estée Lauder)
5. Belebendes Gesichtswasser (Dr. Hauschka)

Eine auf den eigenen Hauttyp abgestimmte Tagescreme – am besten mit Lichtschutzfaktor – gehört auch schon in den Teenager-Badschrank. Ab 25 sollten sich Nacht- und Augencreme dazugesellen, um spätestens ab 30 mit einem Serum ein unschlagbares Team zu bilden. Gesichtswasser und milde Reinigung, Peeling und Masken runden das Grundprogramm ab, ohne das keine Pfirsichhaut ihrem Namen gerecht werden kann. Erweiterungen jederzeit empfehlenswert!

Dabei ist es erst mal egal, ob du dein Leben lang auf die Reformhauscreme für 20 Euro schwörst oder den Luxustiegel für 200 Euro bevorzugst – auch wenn da inhaltlich Welten dazwischenliegen. Die Welt ohne Gesichtspflege ist eindeutig die schlechteste Wahl. Unser Leben und unsere Umwelt sind zu stressig für die zarte, dünne Gesichtshaut, als dass wir sie ungeschützt und ungestraft allem aussetzen könnten. Es sei denn, man ist so verkopft, vergeistigt oder anderweitig beschäftigt, dass es einen nicht stört, mit 40 auszusehen wie 60.

Die Luxuriöse

Okay, ich gebe zu, dass ich durch einen Job bei Estée Lauder schon früh „verdorben", oder besser: verführt wurde und bereits mit Anfang 20 die unglaublichsten Inhaltsstoffe drunter und drüber und ganz dick schmieren konnte. Davon bin ich bis heute nicht weggekommen. Ich pflege nach dem Motto: Viel hilft viel. Heute kombiniere ich unterschiedliche Marken miteinander, suche mir die besten Produkte für meine feuchtigkeitsarme Mischhaut bei Clarins, Babor, Dior und Co. zusammen, mixe noch ein bisschen Natur von Lavera und Dr. Hauschka dazu und fühle mich wohl damit. Im Frühjahr und Sommer nehme ich leichtere Konsistenzen als im Winter, ab und zu greife ich zu neuen Produkten, und seit ich über 40 bin, gönne ich meiner Haut zweimal im Jahr eine Ampullen-Kur. Außerdem habe ich endlich kapiert, dass regelmäßige Besuche bei der Kosmetikerin nicht nur Omas, Millionärinnen oder Hollywood-Schauspielerinnen vorbehalten sind, sondern jede Frau maßgeblich in wenigen Stunden verjüngen.

„Gesichter sind die Lesebücher des Lebens."

Federico Fellini

So kompliziert ist das alles also gar nicht, man muss seine Haut wirklich nur beobachten, sich ordentlich beraten lassen und alle Produkte von Zeit zu Zeit hinterfragen. Geschieht dies, kann man das Leben intensiv genießen – gut gepflegt und getreu dem Motto: „Nur wer sich in seiner Haut wohlfühlt, kann Charme versprühen!"

Resümee

	Habe ich:	Seit:	Muss ich (neu) kaufen:
Serum	◯	▭	◯
Tagescreme	◯	▭	◯
Nachtpflege	◯	▭	◯
Augencreme	◯	▭	◯
Dekolleté-Pflege	◯	▭	◯
Reinigung	◯	▭	◯
Gesichtswasser	◯	▭	◯
Peeling	◯	▭	◯
Maske	◯	▭	◯
Intensivkur	◯	▭	◯

Das Herz an die schönen Künste verlieren

Nie werde ich die herrlichen Orchesterklänge vergessen, das schöne Kleid des Mädchens Klara und den riesengroßen Weihnachtsbaum – mein erster Opernbesuch als Zehnjährige hat mich lebenslang zu einem Tschaikowsky-Fan gemacht. Die Ballettaufführung von „Der Nussknacker" in der Vorweihnachtszeit war ein bleibendes Erlebnis. Höre ich die Musik heute, bekomme ich Gänsehaut. Tschaikowskys „Blumenwalzer" hat es später sogar zum Warteschleifenlied meines ersten Handys gebracht.

> „Musik ist Licht für die Seele, eine Hymne an das Leben."
>
> Else Pannek

Sehr berührt hat mich auch die Aufführung von „Carmina Burana" in der Berliner Staatsoper, irgendwann vor vielen Jahren. Ich war noch keine 20. Mein bester Freund hatte mich eingeladen, wir saßen in der ersten Reihe auf den beiden mittleren Plätzen. Orffs überwältigende Komposition, gesungen von zwei Chören, einer links, einer rechts von uns – Wahnsinn! Ich dachte, ich muss ohnmächtig werden bei so viel Gänsehaut und Emotionen. Aber auch den Moment, als ich zum ersten Mal Tina Turners „What's love got to do with it" im Radio hörte, sehe ich heute noch detailgenau vor mir. Und so könnte ich noch einige Situationen beschreiben, in denen mich Musik nicht nur berieselt oder begeistert, sondern tiefgehend berührt hat.

Obwohl ich selbst seit frühester Kindheit mit großer Begeisterung male, dauerte es über 20 Jahre, bis ich beim Anblick eines Bildes emotional einen fetten Schlag vor den Kopf bekam: Die Werke der Meister der italienischen Renaissance in den Uffizien in Florenz machten aus mir eine andere. Botticelli, Lippi und da Vinci müssen nicht von dieser Welt gewesen sein. Als ich nach dem Rundgang durch die Ge-

Auch die ersten Bücher, welche mich aufgewühlt haben, werde ich nie vergessen: „Anna Karenina" von Tolstoi und „Nackt unter Wölfen" von Stefan Zweig. So unterschiedlich vom Schreibstil, Inhalt, Thema, und doch so wichtig für mich. Ich liebe es bis heute, mit meinen Freundinnen Bücher auszutauschen und bei der Nennung von gemeinsamen Lieblingstiteln das selige Lächeln hervorzulocken, das man selbst auf den Lippen hat, wenn man sich an etwas Schönes erinnert. Begeistert mich ein Autor, lese ich gern alles von ihm. Schon in der Schule war ich ein großer Fan vom alten Goethe, später folgten Hesse, Wilde und Ruiz Zafón und unzählige weitere Weltliteraten, aber auch die Bücher von Simmel und Link möchte ich nicht missen.

David-Statue in der Galleria dell'Accademia, Florenz

Was ich mit meinen persönlichen Erlebnissen sagen will, ist ganz simpel: Jede Frau sollte auf die Suche nach diesen magischen Momenten gehen und sich mit den schönen Künsten beschäftigen. Wir reifen dadurch in einem wichtigen Bereich, wenn wir spüren, welche Komponisten, Schriftsteller, Maler, Architekten, Schauspieler, Regisseure, Sänger und Fotografen uns richtig gut gefallen. Unser Geschmack wird sich mit den Jahren vielleicht verändern, egal. Wichtig ist nur, ihn zu entwickeln. Denn die Fragen „Von wem ist das?" oder „Wer singt, spielt, baut da?" zeugen von einem Interesse, welches zur Leidenschaft und damit zur unermesslichen Bereicherung des ganzen Lebens werden kann.

mäldeausstellung aus dem Gebäude stolperte, stand ich wenig später noch der Nachbildung der vollkommenen David-Statue von Michelangelo auf der Piazza della Signoria gegenüber (das Original steht in der Galleria dell'Accademia in Florenz). Ich kam mir vor wie ein kleiner Wurm, der es nicht wert war, auf der Erde weilen zu dürfen, weil so unfassbar untalentiert. Und dieses Gefühl sollte sich wiederholen: bei Bildern von Monet, Picasso oder Richter. Oder auch bei total unbekannten Malern oder Fotografen, deren Bilder aber mit meiner Seele sprechen.

Resümee

Meine Kunstfavoriten in Sachen ...

Musik:

Fotografie:

Literatur:

Architektur:

Malerei:

Design:

Film:

Mode:

Sonstiges:

Datum:

Die Luxuriöse

Zaubertricks einsetzen

Wie macht die das nur? Diese strahlende Haut, das volle Haar und der schöne Busen? Die hat bestimmt was machen lassen!" Kommentare, die wir alle schon von anderen Mädels über andere gehört haben. Die wahre Antwort erfahren wir selten, sie könnte aber in vielen Fällen ganz einfach ausfallen: Die Tante weiß einfach, wie man richtig trickst!

Natürlich gibt es unterschiedliche Ansichten darüber, was gut aussieht. Trotzdem werden mir Frauen auf jedem Kontinent und jeder Altersgruppe zustimmen, wenn ich behaupte, dass wir alle gern

Drei Äußerlichkeiten, die ich an mir mag:

Drei Äußerlichkeiten, die ich am liebsten wegzaubern möchte:

eine reine, glatte Haut, lange Wimpern, glänzende Haare, eine gut proportionierte Figur und gesunde Nägel hätten. Richtig? Und da nicht ausschließlich die schönsten Exemplare unter uns Hollywood-Stars werden, muss es Tricks geben, um so makellos auszusehen wie die Damen auf dem roten Oscar-Teppich. Ich behaupte, jede von uns kann ähnlich attraktiv wie Jennifer Aniston oder Naomi Watts aussehen, sie muss nur ihre Möglichkeiten erkennen und optimieren.

Es ist doch herrlich, dass wir Mädels so ungestraft an uns rumkaschieren dürfen! Die armen Kerle müssen immer so aus dem Haus, wie Gott sie schuf. Wir hingegen können alle Register ziehen – mit Bauch-weg- und Po-hoch-Hosen, Miedern, Gelkissen für den Büstenhalter, Push-up-BH, Klebebrüsten, unechten Wimpern, Bräunungsspray, Make-up, Concealer, Haarteilen, Schulterpolstern, High Heels und vielem mehr. Von den medizinischen Möglichkeiten möchte ich erst gar nicht anfangen –

Brustvergrößerungen oder -verkleinerungen, Bleaching, Fettabsaugen, Lifting, Permanent-Make-up und was es da noch alles gibt, gehen mir einen Schritt zu weit. Ich finde, der ganze äußerliche Hokuspokus kann schon unheimlich viel bewirken. Motto: Es gibt keine schlechten Figuren und unschönen Gesichter, nur unbearbeitete!

Wir alle haben schon zigfach gelesen, dass Wimpern geklebt, Brüste gepusht und Bäuche weggeschnürt werden können, dass uns schwarze Hosen schlanker und Absätze größer wirken lassen, wie Pickel und müde Haut weggeschminkt, große Augen, verführerische Lippen und goldbraun glänzende Dekolletés hingeschminkt werden können. Warum machen

und natürlich auch die kritischen Zuschauer sein können. Wer in der Öffentlichkeit steht, wird ständig angeschaut, und bekommt sofort gesagt, was gut und was schlecht aussieht. Das prägt, meist im positiven Sinne. Schau dir doch mal alte Fotos von Moderatorinnen, Sängerinnen oder Schauspielerinnen an! Die meisten hatten am Anfang ihrer Karrieren grässliche Frisuren, Make-ups und Klamotten – vom damaligen Modetrend mal abgesehen. Heute sind sie – nach Jahren in den Händen von Profis – „optimiert", sprich: Aus ihnen wurde optisch „das Beste rausgeholt".

wir es dann nicht oder nur selten? Viele Frauen verharren noch jenseits der 30 im Teenagermodus und schminken sich so, wie sie es irgendwann einmal mit 16 gezeigt bekamen. Dabei braucht es keine zwei Stunden, um aus einer Frau eine umwerfende Frau zu zaubern.

Von meiner Arbeit beim Fernsehen weiß ich, wie hilfreich Maskenbildner, Stylisten, Farbberater, Fotografen, Kameraleute

Selbstverständlich – und zum Glück! – gibt es Wichtigeres, als sich ständig mit dem eigenen Aussehen zu beschäftigen,

Aber ich kann auch „anders"

Ich bin natürlich schön

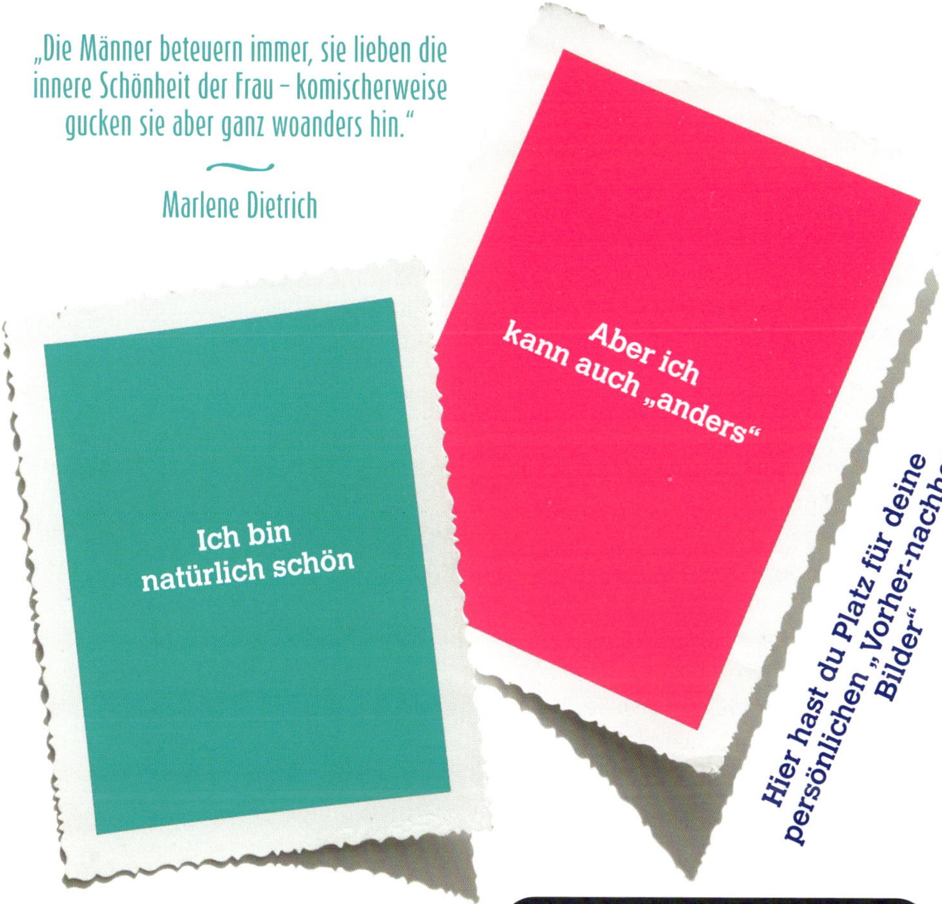

Hier hast du Platz für deine persönlichen „Vorher-nachher-Bilder"

deshalb sollten wir uns mal den Schrank mit allem Schönheits-Hokuspokus vollpacken, um bei Bedarf die Katze aus dem Sack zu lassen, oder besser: das Kaninchen aus dem Zylinder zu zaubern!

PS: An alle, die von ihrem Liebsten oft den Satz hören: „Ungeschminkt gefällst du mir am besten, Schatzi!" Dieses Kompliment dürfen nur die unter uns glauben, die unter 25 sind und es hören, wenn sie im Urlaub nach einer heißen Liebesnacht ausgeschlafen am Frühstückstisch erscheinen.

Resümee

Meine besten „Zaubertricks"

Die Luxuriöse

Die Wunderwirkung von Mani- und Pediküre erfahren

Zeigt her eure Füße!" Was soll das heißen: „jetzt nicht"? Sind die kleinen Leisetreter gerade nicht vorzeigbar? Nägel zu lang, Hornhaut zu rau, Hühneraugen zu sichtbar? Leider – sind wir mal ganz ehrlich – eine Situation, die jede von uns kennt. Die es aber – sind wir noch mal super ehrlich – nicht geben darf! Auch im sibirischsten Winter kann es Situationen geben, in denen uns der Brad Pitt aus dem Supermarkt die Wollsocke vom Fuß zuppeln will, und dann darf er bitte schön keinen verhornten, mit gelben Krallennägeln bestückten Fuß ans Tageslicht befördern!

Deshalb sollte jede Frau die Wunderwirkung von Pedi- und Maniküre kennen. Denn wer einmal seine Extremitäten in Bestform erlebt hat, wird sie nie wieder vernachlässigen. Und auch die Mädels, die zu Hause schon immer sehr gewissenhaft Feile und Raspel an ihre Füßchen und Händchen anlegen, werden überrascht sein, was eine ausgebildete Kosmetikerin oder Fußpflegerin an Wundern vollbringen kann!

Medizinische oder kosmetische Fußpflege?

Die kosmetische Fußpflege ist oft nur eine reine Schönheitsbehandlung, hier stehen unter anderem das Schneiden, Pfeilen und Lackieren der Nägel und die Pflege der Füße auf dem Programm. Während dagegen bei der medizinischen Fußpflege (Podologie) die Gesundheit der Füße im Vordergrund steht. Hier werden zum Beispiel Hühneraugen, Fußpilz und eingewachsene Nägel professionell behandelt.

Dass jeder fünfte Mann der Meinung ist, eine Frau mit gepflegten Händen habe auch einen schönen Charakter? Und, jetzt kommt's: 84 Prozent der Männer sind der Meinung , dass schöne und gepflegte Hände JEDE Frau um Jahre jünger und attraktiver wirken lassen! Also, nix wie ran ans Telefon und Termin für die Nagelpflege buchen!

Bei der Fuß- und Handpflege ist es nämlich genau wie beim Make-up: Wir Frauen meinen, alles darüber zu wissen und es selbst am besten zu können. Das ist aber ein Trugschluss. Die Profis haben eine Ausbildung und wissen mehr über Nägel, die dazugehörige Haut und das darunterliegende Bett als wir. Und ab und zu sollten wir sie „für Ordnung" sorgen lassen. Der nicht zu verachtende Nebeneffekt: Frau kann sich dabei großartig entspannen, sich einiges abgucken, und sie wird mit Stolz und Freude auf ihre schönen Hände und Füße schauen. Und nicht nur sie.

„Eine schöne Hand ziert den ganzen Menschen."

Heinrich Heine

Wusstest du, dass für 90 Prozent der Männer die Hände ihrer Frau sehr wichtig sind?

Klebe hier ein Zeitschriftenbild mit einem tollen Nagel-Look auf und lass deine Nägel bei der nächsten Mani-/Pediküre genauso schön machen!

Resümee

- ◯ Handmassage
- ◯ Maniküre
- ◯ Fußmaske
- ◯ Hand-Paraffinbad
- ◯ Pflege-Unterlack
- ◯ Hornhautentferner-Creme
- ◯ Bimsstein
- ◯ Polierfeile

Das will ich ausprobieren:

- ◯ Handcreme
- ◯ Nagelöl
- ◯ Mineralienfeile
- ◯ Pediküre
- ◯ Fußmassage
- ◯ Handpeeling
- ◯ Fußcreme
- ◯ Handmaske

Sich ehrlich entschuldigen

Grundsätzlich haben wir Mädels den Jungs ja schon mal eine ganz wichtige Eigenschaft voraus: Wir können uns entschuldigen. Dieses Können ist bei uns ein ganz normaler Genbaustein und macht das Leben wesentlich leichter. Uns brechen nicht erst drei Zacken aus der Krone, wenn wir einen Fehler zugeben müssen.

Nein, ganz im Gegenteil: Wir schießen gern übers Ziel hinaus und entschuldigen uns vorausschauend, für andere, sicherheitshalber, ohne Grund oder aus purer Nächsten- und Harmonieliebe.

Das muss nun auch nicht sein, aber sich aufrichtig bei allen zu entschuldigen, die man gekränkt hat, dies sollte eine kluge Frau mindestens einmal im Leben tun. Ob dafür ein Anruf oder eine viermonatige Weltreise notwendig ist, egal – wir können

morgen tot sein und sollten ein aufgeräumtes Leben hinterlassen. Zum Aufräumen gehört das Sichten. Wie war das mit dem Kumpel aus Schulzeiten, der Tante oder der ehemaligen Busenfreundin? Hattest du wirklich recht bei diesem oder jenem Streit? Bist du heute noch derselben Meinung oder könntest du eventuell zugeben, dass du falschlagst? Die im Eifer des Wortgefechts rausgeschleuderte Kränkung – musste sie wirklich sein?

„Wer die Menschen kennenlernen will, der studiere ihre Entschuldigungsgründe."

Christian Friedrich Hebbel

Ich möchte sogar noch einen Schritt weiter gehen: Wie schwer würde es dir fallen, denen, die sich bei dir entschuldigen müssten, zu vergeben? Die Erkenntnis, dass der Mensch fehlbar ist, kann unheimlich befreiend sein. Sie kann uns von dem Gram über Enttäuschungen, die wir seit Jahren mit

Aha!
Männer entschuldigen sich bei ihren Frauen am häufigsten, indem sie ihre Liebste zu einem Candle-Light-Dinner einladen (33 %) oder ihr Blumen schenken (30 %).

uns rumschleppen, erlösen. Wohlgemerkt leiden nur wir, wenn wir nachtragend und voller Bitterkeit sind – der Betreffende mag einen schweren Fehler gemacht haben, er geht aber fröhlich und oft nichts ahnend durchs Leben. Man lebt auf jeden Fall zufriedener, wenn man in der Lage ist, einen Strich unter alte Rechnungen zu ziehen. Wenn man vergeben kann. Und vergessen! Sauschwer, ich weiß. Aber zu sagen, „ich verzeihe dir deinen Fehler, aber ich werde nie vergessen, was du getan hast", bedeutet nicht Frieden, sondern weiterhin Krieg – vielleicht nur auf einer anderen Ebene.

Es gibt so viele Menschen und Beziehungen im Laufe unseres Lebens, denen wir nicht immer gerecht werden. Das ist normal, ja, menschlich. Aber das heißt ja nicht, dass wir uns nicht entwickeln und mit ein bisschen Abstand und Verstand manche Dinge anders sehen. Hey, wir sind doch

Mädels mit Größe, und dazu gehört: Rückgrat! Also, ran an das Telefon, den Computer, das Briefpapier, oder noch besser: rein

Der Blaustern gilt in der Blumensprache als Zeichen für „Vergib mir"

ins Auto oder die Bahn. So vieles ist nicht korrigierbar, ein zwischenmenschlicher Fehler mit den richtigen Worten aber meistens schon. Viel Erfolg!

Meine „Sorry"-To-do-Liste:

Resümee

Öfter mal Danke sagen

Haben wir erst mal das Unkraut in unserem Garten namens Leben beseitigt und uns bei denen entschuldigt, die wir irgendwann mal gekränkt haben, dann ist es an der Zeit, sich um die Pflanzen zu kümmern, die seit Jahren unauffällig und anspruchslos gedeihen. Hast du dir mal überlegt, wie viele Menschen dir Gutes getan haben oder täglich tun, ohne ein Danke dafür zu erwarten und zu bekommen? Viele, richtig? Aber das muss ja nicht heißen, dass wir so abgestumpft und unsensibel sind, es nicht zu bemerken!

Welch Glück, wenn die Oma, die immer für uns da war und jederzeit die geliebte Bonbonkiste geöffnet hat, noch lebt – wir sollten sie mit Blumen und ihren Lieblingspralinen überschütten und sie ganz doll knuddeln! Die Mutter, der Vater, die Schwester … gesetzte Größen in unserem Leben, die uns unendlich viel gegeben haben und was wir bis heute als selbstverständlich ansehen. Sicher, eine Mutter tut alles für ihr Kind – ohne Wenn und Aber. Seit ich selbst Mutter bin, schätze ich das, was meine Ma für mich und meinen Bruder geleistet hat, viel mehr. Zum Glück habe ich die Erkenntnis, und sie kommt nicht zu spät. Immer wieder danke ich meiner Mutter aufrichtig – und es freut sie sehr.

> „Nicht die Glücklichen
> sind dankbar.
> Es sind die Dankbaren,
> die glücklich sind."
>
> Francis Bacon

Dabei sind es nicht nur die großen Leistungen, die wir bedenken und bedanken sollten. Auch der nette Busfahrer, der als Einziger noch mal die Tür öffnet, wenn wir mit wehendem Haar angerannt kommen, die flinke Fleischverkäuferin, welche immer genau die richtige Hähnchenbrust aus dem Fleischberg zieht, oder der freundliche Mann vom Paketdienst, der auch im fünften Stock ohne Fahrstuhl noch lächelnd vor der Tür steht – sie alle freuen sich über ein ehrliches Danke, eine kleine Schokipackung

TIPP

Es tut ungemein gut, dem Schicksal, Gott, dir oder wem auch immer zu danken, wenn es dir gut geht. Such dir einen festen Ort, wo du aussprichst, wie du dich fühlst. Du wirst sehen: Wir sind viel öfter glücklich, als wir denken.

oder ein Blümchen. Kürzlich habe ich ganz spontan der Verkäuferin in meiner Bäckerei einen kleinen Blumenstrauß geschenkt – sie war so baff und ehrlich erfreut. Seitdem werde ich bedient wie die Queen persönlich.

Mag der Tipp auch noch so banal nach „Merci"-Werbung klingen – Danken ist wichtig und tut gut. Die Freude der anderen erfreut einen und macht uns stark gegenüber Kränkungen, Ärger und emotionaler Kälte. Hartherzige, egoistische Menschen gibt es genug, wir gehören nicht dazu, stimmt's?

Resümee

Wem ich unbedingt danken muss:

Die Gefährtin

Ringe tauschen

Maria will Jörg nicht heiraten, weil sie partout nicht Zottelmann heißen möchte.
Gitta will heiraten, findet aber einfach keinen passenden Mann.
Andrea will Günther nicht heiraten, weil sie kein Geld für die Hochzeit haben.
Steffi will Matthias unbedingt heiraten, aber er fragt sie einfach nicht.
Klara will Hans nicht heiraten, weil sie nicht sicher ist, ob sie ihn liebt.
Susi will Thomas heiraten, doch er ahnt nichts von ihrer Liebe.
Mona will John nicht heiraten, weil sie die Ehe altmodisch und spießig findet.
Josephine will Konstantin heiraten, weil sie schwanger ist.
Helene will Julia nicht heiraten, weil ihre Eltern nicht wissen, dass sie eine Frau liebt.
Josi will Mark heiraten, weil sie eine Familie gründen und abgesichert leben möchte.
Nicole will nicht heiraten, weil sie ihr Singleleben liebt.
Sophie will Kurt heiraten, weil alle ihre Freundinnen verheiratet sind.
Lisa will Joachim nicht heiraten, weil sie schon verheiratet war.
Karin will Leon heiraten, weil sie dadurch Steuern sparen.
Carolin will Stefan nicht heiraten, weil sie Angst hat, dass die Ehe nicht funktioniert.
Hannah will Adam heiraten, weil sie ihn über alles liebt.

Muss eine Frau einmal im Leben heiraten? Es gibt wirklich viele gute Gründe dafür und dagegen. Aber da ich zu den hoffnungslosen Romantikerinnen gehöre, antworte ich laut und deutlich: „Ja!" Ja, jedes Mädchen sollte einmal im Leben in die glückliche Situation kommen, in der sie spürt: Das ist mein Seelenverwandter, mein Mensch, mit ihm möchte ich den Rest meines Lebens zusammen sein. Dieses Gefühl ist die Basis. Und die Chancen, ihrem Prinzen zu begegnen, stehen für alle Prinzessinnen bestens – vorausgesetzt, sie gehen mit fröhlichen, offenen Augen durch die Welt, wirklich bereit, auf dem Thron ein wenig zur Seite zu rücken. Die sich selbst am meisten liebt, die heiraten will, weil sie es „mal erleben möchte" oder nur verliebt ins „Verliebtsein" ist, die sollte unbedingt die Finger von Standesamt, Kirche und Ehering lassen.

Der magische Moment des Findens ist ein großes Geschenk und ein seltenes noch dazu. Man kann ihn nicht erzwingen, aber wenn

> „Von Weitem sieht eine Ehe außerordentlich einfach aus."
>
> ~
>
> Hans Fallada

zwei richtig gut zusammenpassen, sozusagen wie füreinander gemacht sind, dann spüren sie es, und dann ist für die meisten die Ehe der nächste, logische Schritt, als Bekenntnis zueinander. Absolut nicht zwingend notwendig, aber so wunderbar optimistisch-mutig-kitschig-romantisch.

Der Antrag – hoffentlich überraschend liebevoll!
„Verlobt sein" – Vorfreude pur.
Der Hochzeitstag – ein Fest der Liebe!
Dein Kleid – ein Traum!
Dein Liebster – so elegant!
Familie und Freunde – alle glücklich mit euch!
Eure Ringe – das Zeichen!

Es ist einfach schön, von da an von „meinem Mann", „meiner Frau" sprechen zu können, ein Team zu sein, meist denselben Namen zu tragen, nicht mehr beim kleinsten Problem auseinanderzurennen, ein gemeinsames Leben, vielleicht eine Familie zu planen. Laut einer aktuellen Umfrage ist für satte 90 Prozent der Men-

Die Wiederholungstäter
Zsa Zsa Gabor (8 x), Liz Taylor (8 x) und Brigitte Nielsen (5 x)

Die Langverheirateten
Tom Hanks & Rita Wilson (seit 1988)
Jeff Bridges & Susan Geston (seit 1977)
Thomas & Thea Gottschalk (seit 1976)

Glücklich unverheiratet
Goldie Hawn & Kurt Russell (seit 1983)
Oprah Winfrey & Stedman Graham (seit 1986)

Die Ehemuffel
Cameron Diaz, Kylie Minogue, Karl Lagerfeld und Al Pacino

schen eine erfüllte Partnerschaft das wichtigste Lebensziel.

Ich bin glücklich und gern verheiratet, kann aber Maria, Andrea, Klara, Mona, Helene, Nicole, Lisa und Carolin dennoch gut verstehen. Und rate allen Dauer-Singles: Genießt die schönen Seiten am kompromissfreien Dasein, denn so viel Spaß das Heiraten auch macht – anschließend eine harmonische, glückliche Ehe zu führen, ist oft schwerer, als manche Ehefrau zugeben will ☺

Resümee Ich möchte (nicht) heiraten, weil ...

Datum:

Die Gefährtin

Über Freundschaften nachdenken

Mit Freundschaften ist es wie mit Rotweinen: Die guten werden mit den Jahren immer besser, die weniger guten irgendwann sauer. Jede von uns kennt das Gefühl, wenn sich das Zusammensein mit einer Freundin nicht mehr gut und

Manchmal müssen wir den Mut aufbringen, eine Freundschaft zu beenden. Auch um Platz für neue Menschen zu schaffen. Denn ab und zu bekommen wir ein ganz besonderes Geschenk des Lebens: eine neue Freundin. Wunderbar ist das Gefühl,

Den Draht zueinander sollte man auch für klärende Gespräche nutzen

stimmig anfühlt. Es ist ganz natürlich, dass wir uns manchmal auseinanderleben, sich Interessen verschieben und wir mit anderen Menschen einfach lieber zusammen sind. Und dann ist es unser gutes Recht, etwas daran zu ändern. Wir sollten uns selbst den Gefallen tun, uns möglichst nur mit Menschen zu umgeben, die uns guttun. Wenn also eine Freundschaft mehr zum Ballast als zur Bereicherung wird, ist der Zeitpunkt gekommen, ehrlich zu sagen: „Meine Liebe, mit uns passt das nicht mehr." Eine Aussage, die wehtut – aber befreit.

auf eine Frau zu treffen, die man total interessant und sympathisch findet. Es kribbelt im Bauch, fast wie beim Verlieben, wenn man spürt: Dies könnte der seltene und kostbare Moment sein, an dem eine neue Freundschaft beginnt. Ich bin so dankbar für meine „neuen" Freundinnen. Die Beziehung zu ihnen ist ganz anders als zur Sandkasten- oder Schulfreundin. Die langjährige Freundin kennt alle unsere Hochs und Tiefs und steht vorurteils- und neidfrei zu mir. Sie mag sich in anderen Kreisen, Städten, Berufen bewegen, aber das feste Band aus Vertrauen und gemeinsam Erlebtem ist stärker als Gehaltsunterschiede, Lebensformen und Ländergrenzen.

Neue Freundschaften keimen auf einem anderen Nährboden: ähnlichen Interessen, Lebenssituationen, Berufen. Oder einfach nur dem guten Gefühl, dass man genau so tickt wie die andere.

Platz für ein Bild: Schnapp dir deine allerbeste(n) Freundin(nen) und schießt witzige Erinnerungsfotos

„Man mag drei- oder viertausend Menschen gekannt haben, man spricht aber immer nur von sechs oder sieben."

Elias Canetti

Was mich zu einem dritten wichtigen To-do-Punkt in Sachen Freundschaft bringt: eine alte Freundschaft wiederaufleben lassen! Das ist nun wirklich das Salz in der Lebenssuppe. Auf dessen Geschmack wir meistens erst kommen, wenn die Suppe schon etwas länger auf dem Herd kocht. Ich hatte eine Schulfreundin mit Anfang 20 nach irgendeinem harmlosen Streit verloren. Zehn Jahre herrschte Funkstille zwischen uns, doch dann kam sie überraschend zu meinem Polterabend, und alles war wie früher. Seitdem bemühe ich mich ganz bewusst um sie, denn ich merke, wie gut mir das Zusammensein mit ihr tut. Unser stummes Verstehen fühlt sich einfach gut und vertraut an. Oder wie sagte es Goethe so schön: „Ältere Bekanntschaften und Freundschaften haben vor neuen hauptsächlich das voraus, dass man sich einander schon viel verziehen hat." Darauf einen guten Rotwein – zum Wohl!

_____ möchte ich als Freundin nie missen. Mit _____ habe ich mich auseinandergelebt. Über die neue Freundschaft mit _____ freue ich mich sehr. _____ muss ich mal wieder anrufen.

Resümee

Datum:

Die Gefährtin

Einen tierischen Kumpel haben

Er: „Lass mich bitte raus!"
Ich: „Nein, es ist schon spät!"
„Aber hörst du nicht, was vor der Tür los ist? Meine Kumpels rufen."
„Sorry, aber es wird schon dunkel."
„Dann gib mir was zu beißen!"
„Es ist noch was auf dem Teller."
„Schmeckt mir nicht!"
„Weil du satt bist."
„Was machst du jetzt?"
„Ich leg mich aufs Sofa."
„Ich komm mit."

Dieser Dialog findet alle Abende wieder bei uns zu Hause statt. Unser Kater Ossi und ich verstehen uns, auch ohne dieselbe Sprache zu sprechen. Zehn Jahre leben wir schon zusammen. Er ist der Chef des Hauses, die gute Seele.

Ich bin mit Katzen aufgewachsen. In Zeiten, wo ich keine hatte, fehlte mir etwas, und ich sehnte mich nach diesen anschmiegsamen, klugen, bescheidenen Lebensgefährten. Ich bin ein richtiges Katzen-Frauchen und davon überzeugt: Sollte ich wiedergeboren werden, dann als Katze!

Gut kann ich die Leidenschaft für Hunde nachempfinden. Mit einem Hund holt man sich einen Freund ins Haus, muss aber – genau wie für Freunde – auch genügend Zeit und Muße haben und ihn gut versorgen. Mit Vögeln kann ich überhaupt nichts anfangen, erinnere mich aber noch gut an die Wellensittiche meiner besten Schulfreundin Simone. Sie hat ihre

gelben und blauen Kumpels geliebt, ich hatte immer nur Panik davor, dass sie sich in meinem langen Haar ein Nest bauen. Bittere Tränen rollten während der Mathestunde über Simones Gesicht – ihr Karl-Heinz mit dem schönen blauen Gefieder und der kecken Art hatte morgens tot in der Voliere gelegen. Wir trösteten uns gegenseitig – mir war gerade mein Kater Morle weggelaufen.

„Tiere sind die besten Freunde. Sie stellen keine Fragen und kritisieren nicht."

Mark Twain

Eine Frau sollte in ihrem Leben unbedingt Platz für einen tierischen Freund schaffen. Ob Hund, Katze, Vogel, Pferd oder Maus – sie alle enttäuschen uns weniger als Menschen und geben uns mehr als Kleider, Handtaschen oder Schuhe. Miau-uh!

Die beliebtesten Haustiere
(prozentuale Verteilung in deutschen Haushalten)

1. Katzen 16,5 %
2. Hunde 13,4 %
3. Nagetiere (Kaninchen, Hamster, Meerschweinchen, Mäuse etc.) 6,2 %
4. Fische in Gartenteichen 4,1 %
5. Tiere in Aquarien 3,7 %
6. Vögel 2,9 %
7. Tiere in Terrarien 1,1 %

(Quelle: Zentralverband Zoologischer Fachhandel)

Resümee

Unvergessliche Momente, die ich mit ihm hatte/ haben möchte:

Mein tierischer (Traum)-Kumpel

Die Gefährtin

„Ich liebe dich" sagen und es ehrlich fühlen

Drei simple, kurze Worte. Jedes einzelne inhaltlich aber ein Schwergewicht:
„Ich" – wichtig.
„Liebe" – noch wichtiger.
„Dich" – im Idealfall: am wichtigsten.

Gemeinsam ergeben sie den wohl kompliziertesten Satz der Welt. Ein Satz, für den Schlösser gebaut, Kriege geführt, Leben gespendet und Tode gestorben werden. Der Satz, der in weiten Teilen unser Leben bestimmt. Denn wenn wir mal ganz ehrlich hinterfragen, wofür wir morgens aufstehen und umherwuseln, dann steht am Ende des Tages unter dem Strich immer die Sehnsucht nach Liebe. Nach ihr sehnen wir uns vom ersten bis zum letzten Atemzug.

Kein Mädchen unter der Sonne wird den Moment vergessen, in dem es diese drei magischen Worte zum ersten Mal ausgesprochen hat. Meist nicht zum letzten Mal. Glücklich die, die den Satz auch zur Antwort bekam und ihren Seelenverwandten gefunden hat.

Wann sagen wir es?

51,9 % nach ein paar Wochen, 32 % nach ein paar Monaten, 13 % frühestens nach einem halben Jahr und 3 % am ersten Abend.
(Quelle: ElitePartner)

Ist es nicht herrlich? In einer Welt, wo wir fast alles planen und steuern können, sind wir hilflos darauf angewiesen, dass uns Amors Pfeil trifft, oder unromantischer ausgedrückt: dass unsere Hormone verrücktspielen. Wenn wir uns verlieben, nimmt das Adrenalin zu, daher sind wir angespannt und bekommen zitternde Knie. Weil das Serotonin abnimmt, neigen wir zu Stimmungsschwankungen, während uns Dopamin und Endorphin die

Ich liebe Dich!

rosa Brille aufsetzen. Und all das tun die Hormönchen nur mit einem Ziel: Sie wollen uns in eine glückliche Beziehung mit Hoffnung auf Vermehrung schicken.

> „Eine Liebeserklärung ist wie die Eröffnung beim Schach: Die Konsequenzen sind unabsehbar."
>
> Hans Söhnker

Ahnungslos, wie Hormone nun mal sind, können sie ja nicht ahnen, dass sie damit ganze Berufszweige unterhalten: von der Partnervermittlung und Kosmetikerin über die Standesbeamten, Brautkleidhersteller, Goldschmiedemeister bis hin zur Musik-, Bau- und „Baby-Industrie". Von den Scheidungsanwälten mal ganz zu schweigen.

Den Hormonen und uns kann das auch völlig schnuppe sein, Hauptsache, er (oder sie) steht irgendwann vor uns, und wir ahnen in diesem Moment tief im Herzen, dass bald drei simple, kurze Worte unseren Mund verlassen werden: „Ich liebe dich!"

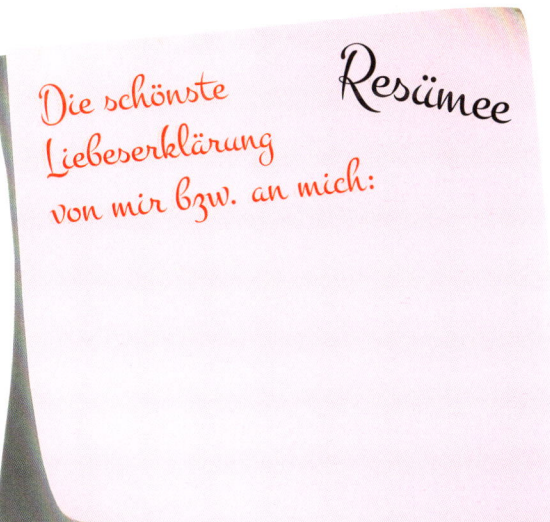

Resümee

Die schönste Liebeserklärung von mir bzw. an mich:

Mit gutem Gewissen Frau sein

Schön, oder? Wir mussten uns in den vorangegangenen 66 Kapiteln nicht damit beschäftigen, ob eine Frau in ihrem Leben Autofahren lernen DARF. Oder studieren. Managen. Wählen. Forschen. Eine Frau heiraten. Ein Kind abtreiben. Ein Land regieren. Oder zu den Sternen reisen. Nein, alle diese Möglichkeiten sind zu Beginn des 21. Jahrhunderts für Frauen in Deutschland real. Wir gestalten frei und selbstbestimmt unser Leben und könnten so glücklich sein ...

... würde uns da nicht ständig jemand im Wege stehen: wir. Wir selbst mit unseren ewigen Zweifeln. Wir zweifeln an uns, unserem Weg, unseren Entscheidungen. Die schier unbegrenzten Möglichkeiten überfordern uns. Und die vielen Meinungen, wie Frauen heute leben sollten, machen uns Druck und ein schlechtes Gewissen. Es zerreißt uns schier, wenn wir uns entscheiden müssen. Also entscheiden wir uns für ALLES, um es ALLEN recht zu machen. Auch uns selbst?

Kind? Immer mehr Frauen sagen Nein, weil sie die großen Veränderungen und Einschränkungen, die diese Verantwortung mit sich bringt, ängstigen. In den Augen vieler sind das eindeutig: Egois-tinnen! Wünschen wir uns doch wagemutig Nachwuchs, dann bitte nicht zu früh – wir möchten schließlich noch so viel erleben. Aber auch nicht zu spät, sonst klappt's womöglich nicht mehr. „Nur" Hausfrau und Mutter sein? Das ist zwar ein knochenharter Fulltime-Job, sein Ansehen in der Gesellschaft rangiert aber auf einer Stufe mit Millionärsfrauen und Langzeitstudenten. Kind und Karriere? Ah, eine Rabenmutter!

Mann? Ja, aber bitte selbstbewusst und einfühlsam. Hart und gleichzeitig weich. Wir träumen vom Allrounder, der einen tollen Job macht, ein fantastischer Liebhaber ist, den besten Vater der Welt abgibt, handwerklich ein Ass, humorvoll und schlau wie Einstein ist und nebenbei auch noch kocht, wäscht, bügelt und bei romantischen Filmen mitweint. Und dann verachten wir ihn still und leise, weil er plötzlich null Ähnlichkeit mehr mit dem Marlboro-Mann hat, in den wir uns mal verliebt haben. Beharrt er dagegen auf seinem traditionellen Rollenbild, schimpfen wir ihn „Chauvi" und „Macho" und biegen weiter fleißig an ihm rum. (Darin sind wir spitze!) Kein Wunder, dass manche Kerle Angst vor uns emanzipierten Mädels haben.

Und der Job? Gern das volle Programm, in allen Sparten und natürlich bis hoch an die Spitze. Quote? Pah! Das schaffen wir auch ohne die mit links. Wirklich? Oben angekommen, weinen wir (still und heimlich), weil man uns männliches Durchsetzungsvermögen attestiert und wir keine Kinder haben oder die vorhandenen nur noch schlafend sehen. Dann träumen wir vom Bruch: raus aus dem Job, ab aufs Land – aber bitte nicht zu weit weg von der nächsten aufregenden Stadt mit all ihren unbegrenzten Möglichkeiten.

Erkennst du dich ein wenig wieder? Ich mich auch. Warum hadern wir Frauen nur mit uns selbst und unserer Rolle so sehr?

Warum wollen wir nie anecken und stellen fremdes über unser eigenes Glück? Es gibt kein Patentrezept für das ideale Frauenleben, dafür 1.000 spannende, erlebenswerte Facetten. Und genau deshalb ist dieses Ding auch ein „halbes". Ich habe für dieses Problem keine Lösung, weil es individuell ist. Es gibt aber jemanden, der sie dir verraten kann: dein Bauch. Höre auf ihn, also auf dich, und lebe so, wie DU es möchtest – ohne schlechtes Gewissen!

> „Ganz und gar man selbst zu sein,
> kann schon einigen Mut erfordern."
>
> Sophia Loren

Liebe Freundin,

bist Du schon in einem Bergsee geschwommen, auf den Du vorher von einem Gipfel runtergeschaut hast? Hängt in Deinem Schrank ein rattenscharfes schwarzes Kleid und in Deinem Schlafzimmer ein selbst montiertes Regal? Ich hoffe sehr, dass meine Tipps Dich motiviert haben, sie umzusetzen. Ist es nicht ein berauschendes Gefühl, Neues auszuprobieren und über sich hinauszuwachsen? Schau in den Spiegel, sieh Dich an und sei stolz. Denk an das, was Du schon geleistet und erreicht hast, wem Du guttust und an die, die Dich so lieben, wie Du bist.

Hör auf, Dich infrage zu stellen und mit Deinem Aussehen zu hadern. Lass die Vergleiche mit erfolgreicheren, jüngeren, schlankeren, klügeren, fröhlicheren Frauen. Halte Dir die Ohren zu, wenn wieder mal jemand predigt, was Du alles anders und besser machen solltest. Emanzipiere Dich von den Erwartungen der anderen! Und schraube auch Deine Erwartungen an Dich selbst auf ein Normalmaß runter. Keine von uns kann auf zehn Hochzeiten gleichzeitig tanzen, die megaglückliche Familie aus der Margarine-Werbung gibt es nicht, und selbst die schöne Angelina Jolie hat Selbstzweifel und Sorgen.

Also Schluss damit! Wer permanent darüber nachdenkt, was an ihm nicht gut ist und verändert werden müsste, der steht sich selbst im Weg. Schöner haben es die alten Chinesen ausgedrückt:

„Achte auf Deine Gedanken, denn sie werden Worte. Achte auf Deine Worte, denn sie werden Handlungen. Achte auf Deine Handlungen, denn sie werden Gewohnheit. Achte auf Deine Gewohnheiten, denn sie werden Dein Charakter. Achte auf Deinen Charakter, denn er wird Dein Schicksal."

Also, liebe Freundin, achte auf Dich! Lebe, wie es sich für Dich richtig anfühlt, wie Du es willst, wie es Dir guttut. Denn nur, wenn Du authentisch bist, kannst Du charismatisch sein und strahlen. Schließe Frieden mit Dir und Deinen kleinen Macken, denn sie machen Dich aus.

Denke positiv. Mach Dir bewusst, was Dich zu einer besonderen Frau macht. Und dann schließe dieses Buch und sei eine glückliche Frau!

Deine Bettina

Stichwortregister

Bildnachweis

Die Zeichnungen in diesem Buch wurden persönlich von Bettina Cramer angefertigt.
Des Weiteren bedankt sich der Verlag für die freundliche Unterstützung bei
folgenden Fotografen und Agenturen:

Titel
Stephan Pick Photography, Köln

Rücktitel
picture alliance/Eventpress Monika Sandel

Fotolia
2mmedia 102; **absolut** 39; **absolutimages** 53 (r.o.); **adrenalinapura** 114; **ahornfoto** 7 (m.l.); **AK-DigiArt** 79 (l.o.); **alain wacquier** 82; **Alexander Yakovlev** 134; **Aloksa** 40 (2. r.u.); **alphaspirit** 127; **Andrea Wilhelm** 37; **Andres Rodriguez** 75; **Andrey Kuzmin** 91 (r.o. Fond, u.); **Angela** 143; **Anja Kaiser** 115 (o. Fond); **Annett Seidler** 121; **apfelweile** 17 (r.o.); **area381** 110 (o.); **Ariwasabi** 90; **arthurdent** 47 (r.u.); **arturnyk** 14; **augustino** 42; **auremar** 49 (m.); **B. Wylezich** 152; **babimu** 76 (l.), 49 (o.); **belahoche** 69 (l.o.); **Benicce** 20 (l.o.); **by-studio** 99 (l.u.); **christian-colista** 153 (l.o.); **chromatika** 106; **cienpiesnf** 40 (1. l.u.); **Coka** 107, 111; **Coloures-Pic** 11 (r.u.), 45 (r.u.), 89 (r.u.); **Daniel Fleck** 80 (l.u.); **Daniel Nimmervoll** 88; **davis** 153 (r.o.); **dbvirago** 135; **dinozzaver** 41 (u. Fond); **donatas1205** 80 (r.o., l.u. Rahmen), 81, 82 (Rahmen), 83 (r.o. Rahmen); **Doreen Salcher** 131 (l.u.); **Dudarev Mikhail** 13, 20 (r.o.); **EduardSV** 45 (o.); **eillen1981** 10; **Elena Hölzer** 150 (o.), 151 (r.o.); **eliasbilly** 76 (r.); **farbkombinat** 33; **faroma** 40 (u. Fond); **ferkelraggae** 36 (l.m.); **forkART Photography** 113; **fotogestoeber** 142; **Fotoimp** 83 (r.o.); **fottoo** 79 (r.o.); **Galyna Andrushko** 80 (r.o.); **germanskydive110** 12; **Hank Frentz** 28 (l.); **Ichbins11** 6; **ilfotokunst** 46; **incomible** 41 (r.o. Fond); **Ivanna Buldakova** 48; **jefferson75** 73 (o.); **Jenifoto** 82 (l.u.); **Jiri Hera** 53 (u.); **Kaponia Aliaksei** 103, 109; **kesipun** 11 (o. Fond); **Khorzhevska** 110 (l.u.); **konradbak** 58; **kotoyamagami** 120 (l.u.); **lassedesignen** 124; **Les Cunliffe** 27 (l.o.); **luismolinero** 129 (l.o.); **M.studio** 31 (l.u.); **mapoli-photo** 85; **Marina Lohrbach** 53 (l.o.); **Marius Graf** 96; **Mariusz Blach** 71; **mipan** 118; **mirekkijewski** 87 (l.u.); **Miroslava Hlavacova** 40 (1. r.u.); **MNStudio** 146; **Monkey Business** 101 (m.); **montego6** 57 (l.m.); **morelia1983** 25; **MP2** 117 (o.); **mtkang** 70, 79 (r.u.), 87 (r.o.), 151 (r.u.); **nasared** 62 (u. Rahmen); **nastazia** 63; **nastia1983** 120 (r.o.); **NatUlrich** 61; **Nik_Merkulov** 141 (r.m.); **NilsZ** 55 (l.m.); **NinaMalyna** 137 (u.); **olly** 67; **pavel Chernobrivets** 92; **Peterfactors** 139; **Photocreo Bednarek** 18, 123; **photophonie** 28 (r.); **pico** 7 (r.u.), 15 (r.u.), 27 (r.u.), 39 (r.u.), 69 (r.u.), 73 (r.u.), 99 (r.o.), 101 (r.u.), 105 (r.u.), 115 (r.u.), 129 (r.u.), 141 (r.u.), 147 (r.u.); **picsfive** 31 (r.u.), 57 (r.u.), 137 (o.); **pio3** 148; **Piotr Marcinski** 130; **pixelrobot** 83 (u.); **pressmaster** 68; **preto_perola** 59; **PrintingSociety** 19 (r.u.); **ra2 studio** 155; **ruigsantos** 8; **Scanrail** 50 (o.); **sdecoret** 21; **Sebastian Gauert** 145; **senoldo** 40 (2. l.u.); **Serg Zastavkin** 86; **Sergey Demidov** 150 (r.u.); **Sergey Lagutin** 22 (o.); **sonyazhuravetc** 141 (l.o. Fond); **stefankr77** 24; **stokkete** 133; **style-photography.de** 125; **Subbotina Anna** 94, 138; **Syda Productions** 149 (Fond); **The Photos** 16; **Tijana** 116; **Tomasz Papuga** 140; **Tombaky** 117 (u.); **tpx** 91 (r.o. Rahmen); **Tyler Olson** 105 (o.); **Udo Kruse** 29 (Fond); **Unclesam** 95; **underdogstudios** 65; **underdogstudios** 64; **vencav** 19 (l.o.); **vician_petar** 150 (r.m.); **viperagp** 43; **vovan** 47 (r.o.); **WavebreakmediaMicro** 50 (m.); **WavebreakMediaMicro** 54; **wwwebmeister** 36 (r.); **yanlev** 72; **Zacarias da Mata** 26; **zentilia** 17 (r.u.)

Picture Alliance
dpa, (c) dpa 78, 131 (o.), **dpa, (c) dpa – Fotoreport** 6 (r.), 62, 97; **dpa, (c) dpa – Report** 60; **empics** 93 (l.); **Eventpress Herrmann** 31 (o.), **Eventpress Staufenberg** 93 (r.), **Geisler-Fotopress** 128; **kpa** 84; **Mary Evans Picture Library** 112; **picture alliance** 22 (r.u.); **United Archives/IFTN** 57 (r.o.)

Shutterstock
Andreja Donko 55 (r.o.), **cinemafestival** 119, **Cyril Hou** 97 (r.m.), 98

Zeitgeist Media
Benjamin Spinrath 104